An Introduction to the Reformed Faith according to the Scots Confession of Faith
Its History, Text and Commentary

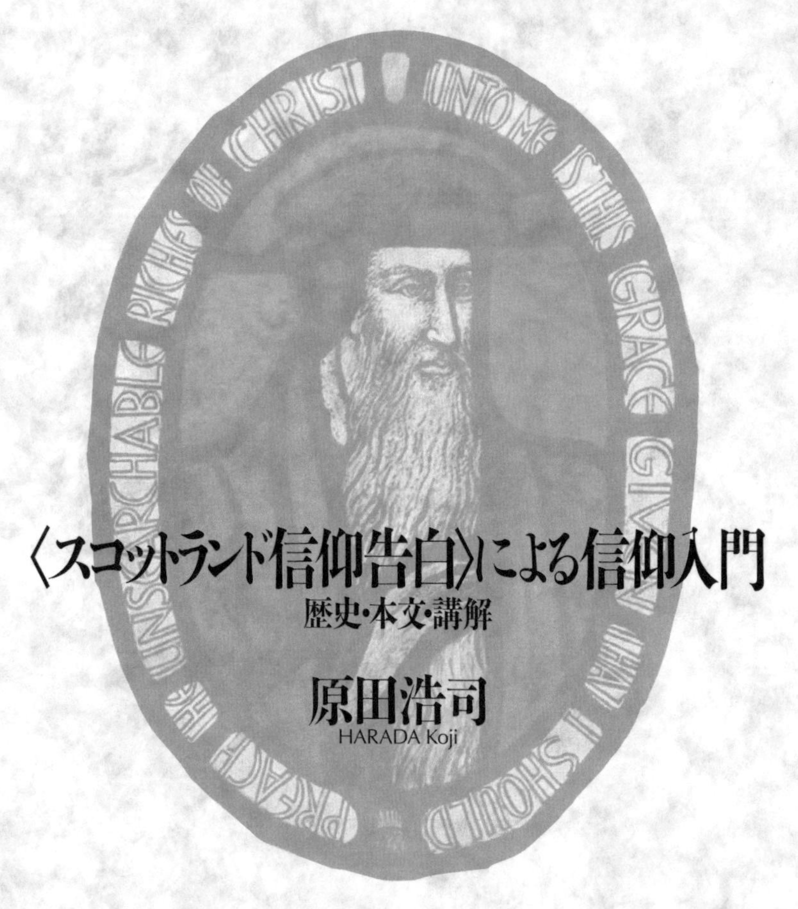

〈スコットランド信仰告白〉による信仰入門

歴史・本文・講解

原田浩司
HARADA Koji

For the 450th anniversary of
the death of John Knox(1572)

一麦出版社

Soli Deo Gloria

〈スコットランド信仰告白〉による信仰入門

歴史・本文・講解

はじめに

本書は，1560 年のスコットランド宗教改革に際して準備され，それ以来，現代の改革教会の伝統の中で重要な諸信仰告白の一つとして継承されてきた「スコットランド信仰告白」について学び，2022 年に迎える「ノックス没後 450 年」を念頭に置き，この歴史的な信仰告白をより身近に感じてもらうとともに，改革派神学の理解をよりいっそう深めるために企画されたものである．

スコットランド信仰告白は，そもそも英語で記された最初の改革教会の信仰告白であり，英語圏のプロテスタント諸教会にとっては，その点だけとりあげても十分に意義のある信仰告白であると言える．本書の内容は，この信仰告白の成立の歴史的な背景，またスコットランド宗教改革の指導者ジョン・ノックスの生涯について簡潔に学んだうえで，その当時の歴史的背景をおさえつつ，現代日本を生きるひとりのキリスト者としての筆者の視点も織り交ぜつつ，その本文に即して，複眼的な視野で簡潔に講解する．

これまでに和訳された「スコットランド信仰告白」は，現在確認できる限り，刊行された年の古い順に次の四つである．

◆國安敬二訳

「スコットランド信條（第一）」『信条集 前篇』新教出版社，1955 年刊行に収録．典拠：P. シャフの編集による『信条集』（Phillip Shaff, “*Creeds of Cristendom*” 3 vols, Harper & Brothers. New York & London, 1876.）に収録されているテキスト．

◆宍戸達訳

「一五六〇年のスコットランド信条」，カール・バルト『宗教改革の教説による神認識と神奉仕 —— スコットランド信条講解』［『カール・バルト著作集第 9 巻』新教出版社，1971 年刊行］に収録．典拠：T. ヘッセの編集による『信条集』（Theodor Hesse［hrsg.］, “*Bekenntnisschriften und Kirchenordnungen der durch Gottes Wort reformierten Kirche*”, Kaiser Verlag. München, 1938, Heft 2.）に収録されているテキストであるとバルト自身が指摘しているが[1]，実際はおそらく次のニーゼル版のことをさしている．

◆宮庄哲夫訳

『改革派教会信仰告白集Ⅱ』一麦出版社，2011年刊行に収録．典拠：W. ニーゼル編集の『信条集』（Wilhelm Niesel［hrsg.］, “*Bekenntnisschriften und Kirchenordnungen der nach Gottes Wort reformierten Kirche*”, 3. Aufl., Kaiser, München, 1938. S. 79-117）に収録されているテキスト．

◆原田浩司訳

「スコットランド信仰告白（1560年）」『改革教会信仰告白集――基本信条から日本の信仰告白まで』教文館, 2014年刊行に収録．典拠:J. ブロッホの現代訳（James Bulloch［Modern Translation］“*The Scots Confession of 1560*”, Saint Andrew Press, 1960.）．なお, 長老教会（アメリカ合衆国）［PC（U.S. A.）］の『信仰告白集（*Book of Confessions*）』に収録されているスコットランド信仰告白の本文も，このブロッホの現代訳を採用．

上記以外に，インターネット上には泥谷逸郎（日本キリスト改革派教会引退教師）訳による「スコットランド信条（一五六〇年）」が公開されているが，その典拠は示されていない[2]．このように，それぞれ訳者が異なり，しかも典拠も異なるなど，読み比べてみると，ところどころ表現や訳語選びが異なる点も散見されるが，内容自体が大きく相違する点は特に見当たらない．

今回，スコットランド宗教改革に至る歴史的な経緯と，全25条から成る信仰告白全体の要点を際立たせながら，おもに一般のキリスト教の信徒

1） カール・バルト，宍戸達訳『カール・バルト著作集第9巻』新教出版社，1971年，3頁の「序文」より．

2） http://www.calvin.org/rirst_scotch_confession.htm にて公開．ウィキペディアによる「スコットランド信条」の項目内では，この泥谷逸郎訳のサイトがリンク付けされている．

の方々やスコットランドの歴史に興味を持つ一般の方たちも読者に想定しつつ，よりわかりやすく，丁寧かつ簡潔に整理したい．本書をとおして，この信仰告白に湛えられている豊かなプロテスタント信仰の熱気と息吹を汲み取りながら，改革教会の信仰の大切な基本の理解を深め，教会の信仰をより堅実なものに整えるのに役立てられればと願うものである．

なお，本書内の聖書の引用はすべて日本聖書協会から刊行されている「新共同訳」からのものであることを予めおことわりしておく．

目　次

第1章　スコットランド宗教改革小史
——スコットランド信仰告白の背景

「スコットランド信仰告白」(1560年) は，いつ，どのような状況下で，誰によって, 何のために書かれたのか．信仰告白の本文について学ぶ前に，その背景にある歴史的文脈の基本的な事柄を整理しておくことは，この信仰告白を理解するうえでとても重要である．この章では，信仰告白が結実するまでのいくつかの歴史的な要点を整理していく．

1．16世紀以前の国際政治の力学からみたスコットランドの宗教改革

宗教改革がヨーロッパの各地で始まった当時，16世紀のスコットランドは，今日のわたしたちが認識するようなイギリス連合王国の一部ではなく，イングランドとは別個の独立した一王国であった．歴史的に，スコットランドは隣接するイングランドからの脅威に絶えず晒され続け，従属的な関係を迫られてきたため，両国は敵対関係にあった．積年のライバルであるイングランドとの関係性が，スコットランドの宗教改革には少なくない影響を及ぼしていることを理解しておく必要がある[3)]．

---

3)　その敵対の歴史は，今日のイギリス連合王国におけるスコットランドの立ち位置にも反映されている．スコットランドでは，特にスポーツなどの国際大会で盛大に盛り上がるのが対イングランド戦である．世界の表舞台で宿敵イングランドを打ち負かすことがスコットランド人にとってはまさに「留飲がさがる」ことである．実力差のあるサッカーに比べ，実力が拮抗するイングランドとのラグビーの試合では声援は盛大に盛り上がり，スコットランド代表の応援には自ずと熱を帯びてくる．試合開始前に国歌の代わりに歌われる「Flower of Scotland」の歌詞のモチーフとなっているのが，

またさらに，結論から言えば，16世紀当時のスコットランドを理解するためには，イングランドだけでなくフランスも併せて注目する必要があるが，その理由は後述する．この章では，イングランドだけでなく，併せてフランスとの三国関係の中で，政治的また地理的にスコットランドが歴史上どのような立ち位置にあったのかを簡潔に整理していく．なぜなら，この三つ巴の国際関係の力学こそ，宗教改革期のスコットランドの政治と宗教の両面に多大な影響を及ぼしたからである．

歴史的にスコットランドがイングランドと合同したのは1707年の「合同法」によるもので，18世紀初頭のことである．それ以前，両者は，中世から絶えず敵対的な緊張状態を続けてきた．具体例を挙げれば，13世紀に，両国間では，スターリング・ブリッジの戦い（1297年）やバノックバーンの戦い（1314年）が勃発したが，スコットランドは次々に侵攻してきたエドワード二世率いるイングランド軍を見事に反撃した．勝利を収めたスコットランドではロバート・ブルース（図1）が国王として即位を宣言した[4)]．1327年にエドワード三世が，父の死去に伴い即位したのを機に，翌1328年にエディンバラでイングランドとの間でノーサンプトン条約が締結され，スコットランドはイングランドからの完全な「独立」を勝ち取ることになった．

図1 ロバート・ブルース

しかし，この独立は長くは続かなかった．約5年間，じっと戦力を蓄えてきたイングランド国王エドワード三世は，1333年に再びスコットラン

イングランドとのバノックバーンの戦いであり，スコットランドに野生するアザミの花の棘がイングランドのエドワード二世の軍隊を退けたという故事に由来する．特に，対イングランド戦の会場では凄まじいまでの大合唱となる．

4)　なお，メル・ギブソンが主演・監督を務め，1995年に上映され，1996年の第68回アカデミー賞で作品賞，監督賞，音響効果賞，メイクアップ賞，撮影賞の5部門を受賞したハリウッド映画「ブレイブハート」（パラマウント映画）は，この間の独立の戦いをスコットランドの側から描いた作品であり，興味のある方は是非一度ご覧いただきたい．

ドに侵攻し，ノーサンプトン条約を一方的に反故にして，ロバート王の息子である新スコットランド王デヴィッド二世の率いる軍隊を打ち破った．その後，エドワード三世はイングランドの息のかかった傀儡王エドワードを即位させることに成功し，両国間に明確な「主従関係」が構築されていった．

敗戦の将となったスコットランド王デヴィッド二世はフランスに亡命し，これを契機に，フランス王室はスコットランド王室との距離を一気に縮め，両国間の連帯は強化されていった．その結果，1295年にはスコットランドを独立国家として承認してきたフランスとの間で「古い同盟（*Auld Alliance*：オールド・アライアンス）」とよばれる絆が堅く結ばれることになった．

他方，イングランドは，スコットランドの問題を契機に，フランスに対しても明白に敵対することになる．1337年に，イングランドはフランスの王位継承問題に介入すると，両国では1453年まで「百年戦争」とよばれる長期の戦闘状態が続いた．この間，イングランド軍の侵攻によって主戦場となったフランスでは「オルレアンの乙女」とよばれた若きジャンヌ・ダルクが活躍し，彼女はその後，イングランド軍の手に身柄を引き渡され，異端審問による「宗教上の理由」で，19歳で火刑に処されたことはよく知られている．

こうしたフランスとの対立は，イングランド国内のヨーク家とランカスター家による王位継承をめぐる内紛によっていったん幕が下ろされるが，イングランド国内では「バラ戦争」（1455−1485年）とよばれる30年もの内戦時代に入る．百年戦争，およびバラ戦争のような実に長期間の絶えざる闘争によって，さらにこの間に相次いで生じたペストの大流行によって，イングランド国内の封建貴族は疲弊し，次々と没落していった．これに乗じて，1485年，この抗争に終止符を打ったヘンリー七世が即位すると，彼は強大な王権を築くことに邁進した．

彼の即位により，イングランドの対スコットランド政策の潮目が大きく変わっていく．上記のとおり，戦争の長期化による国力の低下は甚大で，外交的には従来の強硬的な敵対姿勢から和平路線へとシフトせざるをえなかった．その結果，イングランドはスコットランドとの関係の和平的改善

図2 三国の位置関係

に取り組み始める．1503年にヘンリー七世は娘マーガレットをスコットランド王ジェームズの妃として送り出し，姻戚関係を結び，両国は新しい局面に入っていった．

一方，フランスにとってスコットランドは地政学的に重要な位置を占めていた．地図（図2）で確認すれば一目瞭然であるが，イングランドの北に位置するのがスコットランド，そしてドーバー海峡を挟んで南に位置するのがフランスである．したがって，フランスはスコットランドを味方につけることで，イングランドを南北から挟み撃ちにできる．もしイングランドがスコットランドに侵攻し，主力軍を北部に派遣すれば，その間にフランスが南側から一気にロンドンを陥落することもできるであろう．それを危惧してイングランドが北方への進軍を躊躇するなら，スコットランドは安泰である．このように，イングランドの軍事侵攻を抑え込むうえで，スコットランドとフランスの両国の同盟関係はとても重要であり，双方はまさに「Win-Win（ウィン・ウィン）」の関係であった．そのため，内戦により，バラ戦争で国力が疲弊していたイングランドの王として即位したヘンリー七世が，スコットランドに対する従来どおりの「上からの目線で」の敵対的主従関係の路線から「和平の道」へと舵を切ったことは，時世に適った妥当な政治判断と言えよう．

図3 ヘンリー八世

しかし，1509年にヘンリー七世の次男がヘンリー八世（図3）として即位すると，歴史の潮目が再び変わりだした．1513年に彼はフランスに進軍し，両国は百年戦争以来となる戦闘状態となった．この時，スコットランド王ジェームズ四世（1473−1513年：図4）は重大な選択の岐路に立たされた．なぜなら，ジェームズ王はイング

図4 ジェームズ四世

ランドとの和平を歓迎し，1502年に平和条約を締結すると，先述のとおり，翌1503年にヘンリー七世の娘で，ヘンリー八世の姉であるマーガレットを妃に迎えていた．ヘンリー八世がフランスに侵攻したことで，ジェームズ王は，親族関係となったイングランドを支援すべきか，それとも「古い同盟」関係であるフランスを支援すべきかの板挟みとなった．ジェームズ王は長く続いてきたフランスとの関係を重視して支援をすることを選択し，イングランドに侵攻した．「親仏・反英」へと舵を戻したジェームズ王だったが，フロッドンの戦いで敗れ，戦死してしまう．再びイングランドと敵対関係となったスコットランドでは，息子ジェームズ五世（図5）がフランスから妃を迎え，スコットランドとフランスの関係は緊密さを増していった[5]．

図5 ジェームズ五世

図6 ギーズのメアリ

1543年，イングランド軍と交えたソルウェイ・モスの戦いでジェームズ五世が戦死したため，彼が死ぬ僅か六日前に誕生したばかりのメアリが王位継承第一位となり，彼女に次ぐ継承権第二位のアラン伯が摂政に就任した．彼はプロテスタントを支持していたため，カトリック国であるフランスよりも，プロテスタント国であるイングランドに積極的に近づいていった．その代表的な例は，メアリとヘンリー八世の息子エドワードとの結婚の画策である．しかし，スコットランド国内におけるイングランドへの不信感と敵愾心は根強く，フランスの後援も相まって，アランはスコットランド国内の支持を失い，1554年に摂政職の辞任に追い込まれていく．そこで，メアリの母，つまりフランスからジェームズ五世のもとに嫁いできたギーズのメアリ（図6）が摂政と

5）最初の妃がフランス国王フランソワ一世の娘ヴァロワのマドレーヌ．1537年に彼女は16歳で嫁ぐも，その年の内に結核によってホリールード宮殿で死去したため，翌1538年にフランスの有力貴族であるギーズ家出身の娘のメアリと再婚した．

図7 フランソワとメアリ

なり，政治の実権を握る事態となった．こうして，王家代々の血を継ぐスコットランド人の国王が実質的に不在となり，代わってフランス人女性がスコットランドの政治的実権を握るという前代未聞の事態となった．

摂政ギーズのメアリは，1548年にフランス国王アンリ二世の長男，皇太子フランソワと娘メアリとの婚約を取り次ぎ，僅か6歳のひとり娘をフランス宮廷へ送り出す．それから10年後，1558年4月，メアリはフランソワと結婚し，1559年にフランソワの即位とともに，正式にフランス王妃となった（図7）．しかし，それから僅か約1年後，フランソワは1560年12月5日に16歳の若さで病死し，それに伴い王位は弟のシャルル九世に譲られると，メアリも王妃の座から退けられ，1561年8月に母国のスコットランドに帰国した（図8）．

図8 メアリの帰国

このように，16世紀のスコットランド国内では，これまでになくフランスの政治的な支配力が強まったことにより，国王が不在の中，一方的なフランスの属国化に抗う愛国心に富む貴族たちが勢力を増し，フランスに対抗して，イングランドに近づくことに賛同する．そして，こうした貴族層の間に宗教改革を支持する動きが急速に浸透し，彼らはやがて「会衆の貴族たち（Lords of the Congregation）」とよばれ，改革運動の推進力となっていく．

以上のように，中世以来のスコットランド，イングランド，そしてフランスの三国関係を歴史的に整理すると，イングランドやフランスとの政治的な力学の中でスコットランド王国は不安定な状態だったことがわかる．わけても，宗教改革前夜のスコットランドは，従来の「反英・親仏」路線から「親英・反仏」路線へと潮目が逆転する時期と重なる．当時，イングランドはすでにヘンリー八世の離婚問題を契機にローマ・カトリックと袂を分かち，宗教改革を行っていた．他方，フランス王家は代々ローマ・カトリックであったこともあり，スコットランド宗教改革は，純粋に宗教上の問題のみならず，その背景としてイングランドとフランスにまたがる国際政治の力学，さらにはスコットランド国内の権力闘争にも影響されていたのである．

2．改革前の宗教事情からみたスコットランドの宗教改革

次に，宗教改革以前の16世紀のスコットランドの宗教事情を整理していく．

カルヴァンの流れを汲む改革派の伝統として知られるスコットランド宗教改革であるが，最初にもたらされた宗教改革は，「スコットランドのプロテスタントの第一世代は自分たちの国の宗教改革の土台にルター派の基礎を敷いた」[6]と解説されるように，実はルター派の影響が強かった．それを裏付けるように，スコットランド議会は1525年の時点で，ルターの書物を禁書とする法令を発布している．この議会決定は，この時点ですでに，ルターが記したパンフレットがスコットランドで流通していたことを暗示する．また，詩編歌についても「ルター派はスコットランドの人々に強い影響力をもち，彼らが教わった最初の韻律詩編歌はルターによるドイツ語版をスコットランドの言語に訳したものだった」[7]と，カルヴァンよりもルターの影響が先行していた点もあげられる．そして，1528年に処刑された宗教改革の最初の殉教者であるパトリック・ハミルトンもルター派であった．そして，彼の処刑を皮切りに，スコットランドでは本格的にプ

6）J. E. McGoldrick, ‘Lutheranism in Scotland’, *the Dictionary of Scottish Church History and Theology*（ed: Nigel. M. de S. Cameron, IVP, 1993. 以下‘*DSCHT*’と略す）, 500.

7）Millar Patrick, *Four Centuries of Scottish Psalmody*, Oxford University Press, 1949, 4.

ロテスタント弾圧が行われていった．

図9 P. ハミルトン

スコットランドの宗教改革初期の先駆者として知られるパトリック・ハミルトン（図9）について，ここで簡単にふれておく．彼は国内の由緒ある貴族ハミルトン一家の出身で，14歳の時に，当時の慣行に従い，ロス州フェーン修道院の名義上の修道院長となる．パリ大学に留学中に，エラスムスの思想にふれるとともに，ルターが記した数々の神学的なパンフレットにも接するようになっていった．帰国して，セント・アンドリュース大学で神学をジョン・メイジャー[8)]のもとで学んだ後，教会の司祭となる．だが，当時，焚書にされたルターの思想を支持する発言を説教の中で幾度もくり返したため，セント・アンドリュース大司教ビートンによって異端の嫌疑をかけられたため，1527年に彼はひとまずドイツに避難した．ドイツ滞在中に，ルターやメランヒトンと直接会って学びたいと，ヴィッテンベルクへの訪問を計画したものの，願い叶わぬまま，同年内にスコットランドに帰国し，活動の拠点をリンリスゴー近郊に移し，説教活動を再開した．彼の活動の再開の知らせが大司教ビートンの耳にも届き，1528年に大司教から召喚されて，一旦は釈放されたものの，説教のなかでルターの信仰義認論の正当性を説いたために，異端の判決が聖職者会議で下され，逮捕された．そして，「自国語訳の聖書を用いて神の言葉に自由に接することを提唱し[9)]」，さらに「誰でも神の言葉を読む，とりわけ新約聖書を読

8）ジョン・メイジャー（John Major: c.1467−1550）は当時のスコットランドを代表する神学者・哲学者の一人で，パリ大学で学んだ後に，パリ大学の哲学の教師に就任し，エラスムスとの交流もあった人物であった．1518年にスコットランドに帰国後は，グラスゴー大学の学長，セント・アンドリュース大学の学長を歴任．神学的傾向としては，ルターやエコランパディウス，ツヴィングリら宗教改革陣営の聖餐論を批判し，ローマ・カトリック教会の実体変化説を支持するなど，プロテスタント神学には否定的であった．James Kirk, 'Major, John', *DSCHT*, 540−541 を参照．

9）W. Ian P. Hazlett, *The Reformation in Britain and Ireland: An Introduction*, T & T Clark, 2003, 36.

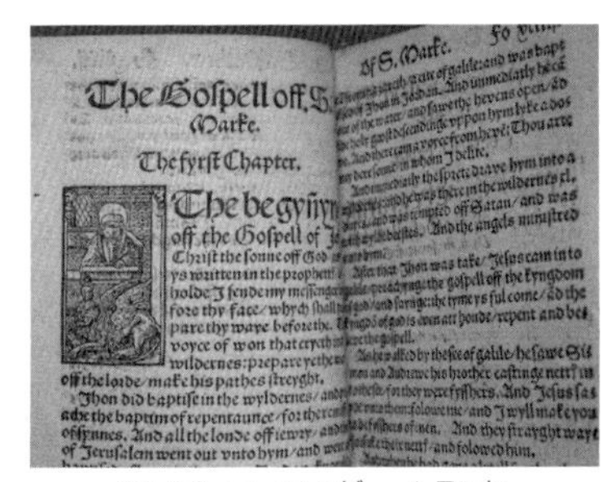
The Gospell off S.
Marke.
The fyrst Chapter.

図 10 ティンダール聖書

むことは合法である」[10]と教えたという「罪」により，火刑に処せられた．

当時の自国語訳（英訳を含む）の聖書についていえば，ハミルトンが所持していたのはおそらくティンダール訳の聖書（図 10）の可能性が高いと考えられる．なぜなら，ティンダール訳の新約聖書が出版されたのが 1525 年のことで，1526 年にドイツで活版印刷技術を用いて大量に出版されたティンダール訳の新約聖書が 1527 年の初頭にはスコットランドにも多く持ち込まれ，急速に普及していたからだ．こうした英訳聖書の普及に危機意識を抱いた当時のローマ・カトリック教会は，国王と議会に働きかけると，1536 年に議会はスコットランド全土の英訳聖書をすべて焼き払うよう法令を交付した．そして，これに違反して英訳聖書を所持する人々が次々に捕らえられ，処刑される事態が起きた．たとえば，1539 年には，アウグスティヌス会の修道士であり司祭だったトマス・フォレットという人物が，英訳聖書を所持し，ローマ教会と議会の法令に明確に違反したとして逮捕され，エディンバラで生きたまま火刑に処せられた[11]．グラスゴーでも，フランシスコ会の修道士や一般の青年が英訳聖書の所持を理由に火刑に処せられた[12]．その後，1543 年に議会はこの法令を廃棄し，英訳聖書，または自国語訳の聖書の所有の自由を容認することになったものの，ローマ･カトリック教会は信徒が英訳聖書を所有することは重罪にあたる，との立場を頑なにとり続けた．

なお，スコットランドの自国語訳聖書については，早くとも 1510 年代後半から，マードック・ニスベット（Murdoch Nisbet: 1470 頃−1558 年）によって，すでにスコットランド語への翻訳が試みられていた．ニスベットはウィクリフ訳の聖書を所持しており，彼はティンダール聖書（1525 年）

10） P. Ellingworth, ‘Bible（Versions, English）in Scotland’, *DSCHT*, 73.
11） W. Ian P. Hazlett, op. cit., 137.
12） Ibid.

よりも5年も前の1520年に『スコットランド語の新約聖書（*The New Testament in Scots*）』（図11）を出版している．これはギリシア語原典やラテン語のウルガタ聖書から訳したのではなく，単にウィクリフ訳を部分的にスコットランドの言語に置き換えたものであった．宗教改革以前のスコットランドで，他の英訳聖書よりもニスベット訳聖書が所持され，広く使用されていた可能性は否定できない[13]．

図11 ニスベット聖書

このように宗教改革以前のスコットランドでは，英訳聖書を持っているだけで処刑に価するとされ，一方ラテン語を読めない大多数の庶民にとって，ローマ・カトリック教会公認の「聖書（ラテン語のウルガタ聖書）」は近寄りがたい存在であり，聖書の教えについて，つまりキリスト教の真の教説について，実はほとんどの人が全く知らなかったと言っても決して過言ではないであろう．このような状況の改善がスコットランドの宗教改革に反映されていくことになる．つまり，信仰の中心に「聖書の福音を取り戻す」ための戦いという特徴を自ずと帯びることになっていった．

この点はスコットランド宗教改革の性格を理解するうえで重要であるため，丁寧に確認しておく．そのため，「信仰告白」と併せて1560年8月の議会に提出された重要な文書,『規律の書(*Book of Discipline*)』を検証する．なぜなら，この文書は，説教の問題，聖礼典の問題，教会の職制の問題，牧師養成の問題を含む学校の問題，牧師の懲戒や教会員の戒規の問題，財源の問題など，諸々の現実的な課題をどう改善し，対処すべきかを明示した，いわば，これからの教会改革に向けた具体的な青写真（ビジョン）だからである．

この『規律の書』の第一項から第四項までの冒頭箇所を以下のとおり並べてみると，ノックスをはじめとする改革者たちが描いた教会改革におけ

13） David F. Wright, 'The Commoun Buke of the Kirk' : The Bible in Scottish Reformation, *The Bible in Scottish Life and Literature*（ed by David F. Wright）,The Saint Andrew Press, 1988, 155－156., W. Ian P. Hazlett, 'Nisbet, Murdoch', *DSCHT*, 629.

る説教の位置づけがはっきりと浮かび上がってくる．

第1項　教義について

キリスト・イエスは，父なる神が，その羊たちに耳を傾け，かつこれに従うようにと命じられた唯一の方であるから，その福音が，この王国のいずれの教会と集会においても真に公けに説かれることが望まれ，これに反する教義はすべて，人間の救いにとって呪わしいものとして，完全に禁圧される必要があるとわれわれは判断する．

第2項　聖礼典について

真正に説かれるキリスト・イエスの福音に対し，み言に含まれる霊的な約束のしるし，ならびに目に見える保証として，キリストの聖礼典が付け加えられ，正しく執行されることが必要である．（以下略）

第3項　偶像崇拝の廃止に関して

われわれは，キリスト・イエスが真正に説かれ，その聖礼典が正しく執行されることを求めるので，偶像崇拝が……この王国のあらゆる領域と場所において，完全に禁止されるべきであると要求するのを止めるわけにいかない．（以下略）

第4項　牧師とその合法的な選出に関して

改革のなされた，あるいは改革を目指している教会においては，秩序にかなった仕方で召命を受けるまで，何びとも説教を行なったり，あるいは聖礼典を執行する振舞いをしてはならない．（以下略）[14]

このように，各項の冒頭部分で一貫して強調されているのが，福音を宣べ伝える説教，また聖礼典（洗礼と聖餐）を正しく執行することの重要性

14）「規律の書」（飯島啓二訳『宗教改革著作集 10 カルヴァンとその周辺 II』，教文館，1993 年）210−214 頁より引用．

である．この二点こそ，当時の改革の重要な課題だったことは明白である．さらに，この『規律の書』に記された制度改革の目玉のひとつが「監督(Superintendent)」の導入だった．監督の職務を新たに制度として導入する目的が，次のように記されている．

> **われわれとしては，この王国全土を通じてキリスト・イエスがひとたびあまねく宣べ伝えられること以外にまじめに求めていることはないのである．このことは，割り当てられることになる監区で働く人々（監督）を貴下らが誠実に指名し強制するのでなければ，突如として実現することはないであろう．**[15)]

ここで「われわれとしては，この王国全土を通じてキリスト・イエスがひとたびあまねく宣べ伝えられること以外にまじめに求めていることはない」と断言したうえで，監督の導入の根拠が述べられている．特に，監督に関して次のように記されている点はとても重要である．

> **これらの監督は，貴下らの怠惰な司教たちがこれまで見せてきたような生き方をするのを許されない．また彼らは喜んでそこにいたいと思う場所に留まることは禁じられる．そうではなくて彼らは自ら説教者でなければならず，彼らの教会が設立され，牧師あるいは少なくとも誦読者が備えられるまでは，どのような場所でも長く留まることは許されぬ存在である．**[16)]

ここで注目したいのは，監督について「彼らは自ら説教者でなければならない」との規定である．しかも，監督は特定の地に留まることが許されず，自分に権限が委ねられた管轄区内をくまなく巡り，その区域の隅々までイエス·キリストの福音を伝える「巡回説教者」と規定されている．ノックスら，改革者たちはスコットランドの全土を具体的に 10 ～ 12 の地区

15）　前掲書，225−226 頁より引用．
16）　前掲書，227 頁より引用．

に分割し，優れた説教者として定評のある有能な牧師を各地区の監督に任命し，彼らを中心にそれぞれの区域ごとに福音宣教を展開しようと考えた．したがって，改革者たちが 1560 年に監督制度を導入したのは，スコットランド全土にイエス・キリストの福音を宣べ伝える，という宣教の使命を最優先課題に位置付けたからであると言えよう．

宗教改革以前のスコットランドでは英訳聖書の所持すら禁じられ，人々が聖書の本当の福音の教えに接する機会が非常に制限されていた中，改革者たちが掲げた優先課題が，説教をとおしてスコットランドの全土にあまねく聖書の福音を正しく宣教することだった．特に，これらの文章の作成に多大な貢献をし，スコットランドの改革運動を全面的に指導した人物がジョン・ノックス（John Knox: 1514−1572 年）である．

第2章　スコットランド信仰告白の〈著者〉
――「六人のジョン」

図12 J. ノックス

スコットランドの宗教改革が，1520年代当初はルターの影響が色濃かったにもかかわらず，ジョン・ノックス（図12）の登場によって，特にイングランド，ドイツ（フランクフルト），スイス（ジュネーヴ）での実践と研鑽に基づく彼の改革のリーダーシップにより，カルヴァンの改革派の色彩へと塗り替えられていくことになる．そして，改革派の信仰を宣明する代表的な文書であるスコットランド信仰告白も，ノックスの存在を抜きには語れない．なぜなら，この信仰告白には六人の共同起草者がおり，彼こそこの信仰告白の起草者の一人，しかも最も重要な一人だからである．

1．改革者ジョン・ノックス小伝

ここでは，改革者ジョン・ノックスが信仰告白を起草し，宗教改革を樹立するまでにどのような経緯を辿ったのか，簡潔に整理していく．

歴史上の人物について語るときには，その人物がいつどこで生まれたのか，という基本情報から始めるのが道筋であろう．しかし，ノックスの出生を示す記録は残っておらず，従来，彼の出生年はあくまでも「推定」で記されてきた．中でも，研究者の多くが「1514年」頃の誕生説を採用している[17]．また，青年時代の彼についても，どこでどのように暮らしてい

17） 飯島啓二『ノックスとスコットランド宗教改革』日本基督教団出版局，

たのかも，詳細はほとんど知られておらず，ルターやカルヴァンとは異なりミステリアスでもある．おそらく，ノックスは自分自身について自ら人に語ろうとはせず，文書に書き残そうともしなかったと思われる．

ノックスが宗教改革に「回心」したのは1545年12月のこと，後に殉教者となる改革の指導者ジョージ・ウィシャートとの出会いによるものであった．彼は，先に紹介した殉教者パトリック・ハミルトンに次ぐ宗教改革の重要な先駆者であるため，簡単に整理しておく．

図13 G. ウィシャート

ジョージ・ウィシャート（図13）は1513年頃にアンガスで生まれ，フランスのルーヴェンで学生時代を過ごした．1532年に卒業した後，スコットランドに帰国し，古郷に近いモントローズで学校の教師となり，ギリシア語の新約聖書を教えていた．ところが，ブレチンの司教から彼に対し異端の嫌疑がかけられたのを機に，彼は1538年に故郷を離れ，翌年にはイングランドのブリストルに逃れた．ある日，彼がセント・ニコラス教会で語った説教に対しT. クロムウェルからソッツィーニ派[18)]の嫌疑がかけられて審問されることになり，しばらくの間ブリテン島から離れて，大陸に渡り，宗教改革が行われたドイツとスイスの各都市を訪問した．その後，再びイングラ

1976年，26頁には，出生年をめぐる見解に「1505年−1515年」の間，と十年もの隔りがあると指摘されている．他方，R. G. カイルは1514年頃と指摘する（*DSCHT*, 465−466頁）．また『スコットランド文化事典』（原書房，2006年，364−365頁）でノックスの項目を担当した富田理恵も1514年頃とするなど，「1514年」とする記述は他にも多数確認できる．ノックスの小伝を記したセフトンは「比較的最近まで，彼の誕生は1505年と考えられ，1905年には実際にノックスの生誕400周年を記念する祝会が催された．しかし，今日ではノックスは1514年に誕生したとする認識が広く定着している」と述べる（Henry R. Sefton, *John Knox, Saint Andre Press*, 1993, p.1.）．実際，2014年にはノックスの生誕500周年を記念する記念行事が，スコットランドをはじめ，世界の各地で開催された．

18）教会と国家の分離（政教分離）を主張したユニテリアンの指導者の名前レリオ・ソッツィーニからとられた信仰の立場をさす．

ンドに戻り，1542年にケンブリッジ大学に在籍して聖書を学ぶとともに，学生らに聖書を教えてもいた．

その翌年にスコットランドに帰国すると，モントローズの教会の隣家を借り，そこを拠点にスコットランドの各地に巡回説教旅行をはじめた．ノックスは東ロジアンで彼の説教を聞いて感銘を受け，「回心」し，その後の彼の巡回説教旅行に警護者として同行することになった（図14）．巡回説教旅行中，彼はおもにスイスの改革派の教えを人々に伝えた．特に，ブリンガーによる「第一スイス信仰告白」を彼が英訳し，スコットランドにその教えを伝えるなど，ルター派の影響が色濃かった当時のスコットランドに，スイスの改革派の新風を積極的に送り込んだことは特筆すべきであろう．

図14 警護者ノックスとウィシャート

しかし，プロテスタントへの厳しい弾圧を主張するセント・アンドリュース大司教デヴィッド・ビートンは，1546年1月に東ロジアン州でウィシャートを異端の嫌疑で捕らえると，セント・アンドリュースに移送後ただちに有罪を宣告し，その年の3月1日に彼は生きたまま火刑に処せられた（図15）．ノックスは，このウィシャートの処刑を契機に，宗教改革運動に献身していくことになる．

図15 ウィシャートの火刑

この処刑から約3か月後，1546年5月29日の早朝，プロテスタント支持者の十数人の集団がビートン大司教の居城であるセント・アンドリュース城に侵入し，彼を殺害後，その死体を城壁につるすという報復事件が起きた（図16）．しかも，彼らはそのまま城を占拠し続けて籠城した．籠城はフランス海軍の協力を得た政府軍

図16 ビートン暗殺

図 17 現在の St. アンドリュース城

によって制圧される 1547 年 7 月末まで，実に 14 か月間も続き，いつしか彼らは「籠城派」とよばれるようになっていた．大司教ビートン暗殺事件により，ローマ・カトリックに反対するプロテスタントの捜索はより厳しさを増し，ノックス自身は報復事件にはまったく関与していなかったが，その後，自ら 1547 年 4 月 10 日に籠城派に加わっていった（図 17）．ノックスのように，後から籠城派と行動を共にしたプロテスタントの人々の数は 120 名を超え，この中には，後にスコットランド信仰告白を共同で提出するジョン・ウィンラムの姿もあった．ノックスは彼らと共に生活する中で，召命を受け，籠城派の牧師となった[19]．しかし，その数か月後の 7 月 30 日，フランス海軍の協力を得た政府軍によって籠城派は制圧され，降伏の交渉に応じて投降した．籠城派側が降伏の条件として提示したのは，全員の生命の保証と，スコットランド国外への亡命だった．籠城派の一団は，確かに生命は保証され，一旦フランスへと移送されたものの，フランス軍が所持するガレー船の囚人漕ぎ手として長期にわたる苦役を課せられることになった[20]（図 18）．

図 18 ガレー船を漕ぐノックス

19 か月にも及ぶ苦役の後，1549 年の春にノックスを含む一部の人々が突如イングランドで釈放された．ノックス自身にとっては晴天の霹靂だったと思われるが，これは 1547 年のエドワード六世の即位後に英仏間で進

19） John Knox, *The Works of John Knox*, vol.6. xxii-xxv, ならびに Henry R. Sefton, op. cit., 45−46. を参照.

20） 飯島啓二によれば，ガレー船奴隷は当時のフランスでは死刑に次ぐ重い刑罰で，囚人たちは足を鎖でベンチとつながれ，ひたすらこぎ続けるしかなかったという．飯島啓二，前掲書，52−53 頁を参照.

められた捕虜交換の一環だったと考えられている．こうして，ノックスは宗教改革がすでに行われていたイングランドで活動を再開することになる．釈放されたその年の内に，正式にイングランド教会の牧師として活動する資格を得て，イングランド北部のバーヴィック・アポン・ツイードで牧師として働き始めた．そして，この期間に，ノックスは，母エリザベス，娘マーガリーのボウズ親子と親しくなり，後に娘のマーガリーと結婚した（1555年）．

ノックスのイングランドでの生活も4年めを迎える頃，状況を大きく変える事態が起きた．エドワード六世の死去に伴い，1553年7月6日に異母姉のメアリ一世（図19）がイングランド女王に即位したのである．8月には王位継承をめぐり内乱が生じたものの，これを制圧して勝利を収めた新女王は，これまでのイングランドの宗教改革を完全に覆し，プロテスタントの指導者たちを次々に逮捕し,処刑していった．そのあまりの残忍さゆえに,人々から「血のメアリ（ブラッディ・メアリ）」と呼ばれ,恐れられるようになった．プロテスタントの指導者たちの多くが，イングランドの会衆に対し大陸への亡命を勧めたこともあり，メアリ女王治世下のこの時期，大勢のプロテスタント信徒がイングランドから大陸へ次々に亡命していった．他方で，イングランドに留まり，遂には逮捕されて殉教した指導者たちも少なくなかった．中でも，1556年3月21日に執行された，プロテスタントの改革者トマス・クランマー大司教の火刑（図20）はその代表的な事例である．

図19 メアリ一世

図20 クランマーの火刑

ノックスは，メアリの即位後もしばらくの間はイングランドで身を潜めながら活動を続けていたものの，終には1554年2月頃にイングランドか

図21 J. カルヴァン

ら逃れ，船でフランスの港町ディエップに渡り，そこから一路ジュネーヴへと向かった．これまでのスコットランドとイングランドでのプロテスタント弾圧の経験をとおして，ノックスの意識の中に，為政者に対する「抵抗権」の思想が構築されていったことは疑いをえない．

ジュネーヴに着いたノックスは，カルヴァン(図21）やブリンガーら改革派の指導者たちと次々に面談し，自らの意識の中に構築されつつあった抵抗権についての助言を求めた．改革者たちとの対話をとおして，ノックスは自らの抵抗権思想に新たな神学的な意義と発見を加えていった．

1554年9月24日，ジュネーヴに滞在していたノックスのもとに，ドイツのフランクフルトに亡命中のイングランド人の会衆から牧師として招する旨の要請があった．フランクフルトは当時，ジュネーヴやストラスブルクと並び，イングランドからのプロテスタント亡命者たちが多く集まるプロテスタント系の自治都市であった．この時，ノックスはジュネーヴにしばらく滞在し，カルヴァンのもとで学ぶことを希望したものの，カルヴァンから強く勧められて，フランクフルトからの招聘を受諾し，同年11月から牧会を開始した．

フランクフルトに着いた彼が真っ先に取り組んだのが礼拝改革だった．当時，フランクフルトの市政府はイングランド人亡命者たちにフランスの改革派グループの礼拝様式に合わせた礼拝の実施を許可していたが，実際には，彼らは密かにイングランドの「共同祈禱書」に即して礼拝を行っていた．ノックスはこの慣行を改めさせるとともに，フランスの改革派グループの礼拝様式を保ちつつ，ジュネーヴの改革派の要素を複合させた新しい礼拝式文の作成に取り組んでいく．この礼拝改革には多くの賛同者があり，その中には後に「ジュネーヴ聖書」を訳すウィリアム・ウィッティンガム（図22）が

図22 W. ウィッティンガム

いてノックスの改革を熱心に支持した．他方で，この改革に反対し，イングランド人として「共同祈禱書」による礼拝の継続を強く望むグループもあり，会衆内に分裂が生じていった．次第に，イングランドからの新たな亡命者が増えるなど，じわじわと改革の反対派が勢力を増し，ついには「共同祈禱書」の共同作成者の一人であるコックスがフランクフルトに来たことで勢力争いの潮目が一気に変わり，ノックスの礼拝改革は完全に暗礁に乗り上げた．それから数日後，ノックスは反対派の陰謀により，「抵抗権」を主張する危険思想者として訴えられ，1555年3月26日にフランクフルトから退去させられることになったのである．

図23 ジュネーヴ聖書

僅か4か月ほどの短期間だったものの，フランクフルトで協力者たちと協議し，検討を重ねて作成した礼拝式文は，その後「ノックスのリタジー」として，ジュネーヴでのイングランド人亡命者たちの教会で用いられ，後に宗教改革後のスコットランドの教会の礼拝様式の原型となった[21]．そして，フランクフルトでの改革の最大の協力者であり理解者だったウィッティンガムによる「ジュネーヴ聖書」（図23）は，後にスコットランドのプロテスタントが用いる公式聖書となるなど，フランクフルト時代は，結果的に，ノックスに貴重な財産をもたらした．

こうして，フランクフルトを後にし，1555年の4月に，ウィッティンガムらと共にジュネーヴに戻ったノックスは，秋には一時的にスコットランドへの帰国を果たすと，かねてから親交のあったボウズ夫人の娘のマーガリーと結婚した．約一年間，スコットランドで新婚生活を過ごしたが，1556年5月にセント・アンドリュース大司教よりノックスに対する異端審問のための召喚命令が出されると，秋には再びジュネーヴへ逃れ，その後1559年4月まで，ジュネーヴに亡命してきたイングランド人の会衆の

21）　John Knox, op. cit., 275−333.

牧師として，カルヴァンやベザらと共に牧会に従事した．そして，この期間，ノックスはカルヴァンによる教会改革と教会形成からたくさんのことを学び，吸収していった．このジュネーヴ亡命中には複数回，彼はスコットランドとジュネーヴの間を行き来し，イングランドに残した妻と義母の元を訪れたり，スコットランドの宗教改革支持者たちを励まし，彼らの結束や連帯を促したりと，精力的に活動した．1558年には「女たちの奇怪な統治に反対するラッパの最初の高鳴り」や「アペレーション」など，スコットランドのギーズのメアリやイングランドのメアリ一世を念頭に置いた抵抗権思想の小冊子を次々と刊行した．[22]

図24 エリザベス女王

そして，この年のアドベントを迎える頃，ノックスにとっては思いがけず，イングランド女王メアリ一世の死去と，[23] それに伴うメアリの異母妹エリザベス（図24）の新女王即位によって，イングランドが再び宗教改革路線へと舵を戻したとの知らせが届いた．さらに，スコットランドからはノックスに対する「会衆の貴族たち」からの帰国の要請が届き，こうして，ジュネーヴを中心に大陸での経験と学びとを携え，1559年5月初頭にノックスは遂にパース港に上陸し，母国スコットランドへの帰国を果たした．早速，5月11日にパースのセント・ジョン教会で偶像崇拝を排撃する説教を行うと，感化された市民たちが，実際に教会の飾り付けの祭具や聖画像など，偶像を破壊する暴動にまで発展した．パースに限らず，ノックスが説教するところでは同様の事例が相次いで生じるなど，これらの事例は，当時の

22）前者は『宗教改革著作集第十巻：カルヴァンとその周辺Ⅱ』（教文館，1993年）に収録されている．また後者であるが，正式なタイトルは「スコットランド貴族と身分制議会に提出された司教とカトリック聖職者により宣告された判決故のアペレイション」であり，略して「アペレイション」と表記されてきた．こちらは，伊勢田奈緒による私訳が『環境と経営：静岡産業大学論集21（一）』，2015年，81−90頁に掲載されている．

23）死因については，単に「病死」と記されることが多いが，「卵巣腫瘍（癌）」と具体的な病名を明記するものも見られる（例：Wikipedia）．

ノックスの説教（図25）が会衆をどれほど強く感化したかを如実に示している．

図25 説教を語るノックス

翌1560年，スコットランドに大きな転機が訪れた．これまで摂政として実権を握ってきたフランス人でカトリック教徒である皇后ギーズのメアリが6月に死去した．これに伴い，親英・親プロテスタント路線の「会衆の貴族たち」は一気に勢いづき，速やかに8月には宗教改革を実施する議会を招集する運びとなった．ノックスは，宗教改革を支持する貴族議員たちの強い要請に応えるかたちで，賛同者たちと共に「スコットランド信仰告白」を起草し，8月の議会に提出した．議会は，提出された信仰告白を議場で朗読し，賛成多数でこの信仰告白を承認した．こうして，1560年がスコットランドの宗教改革が公認されたことを示す記念碑的な年号となったのである．これは宗教改革の「成就」ではなく，あくまでも「始まり」の一歩にすぎなかったが，大きな一歩であった．こうして，ノックスは，その後の改革をリードする指導者として精力的に活動していくことになる．

他方で，この1560年はノックスにとって深い悲しみを経験したときでもあった．年の瀬が近づく初冬の頃，まだ24，5歳という若妻マーガリーが二人の幼い子どもたちを残して死去してしまった．死因の詳細は不明である．ノックスは自身の唯一の著作『スコットランド宗教改革史』の中で「彼（ノックス）の愛する妻マーガリー・ボウズが最近死去したことで，彼は深く悲嘆した」と，妻との死別を簡潔に記録している[24)]．

その後，ノックスはプロテスタント陣営の代表者として，1561年にフランスから帰国した，ローマ・カトリックの信奉者のメアリ女王と対峙し，スコットランド信仰告白の批准を含め，プロテスタントの承認を拒み続け

24）　*John Knox's History of the Reformation*, ed. William Croft Dickinson, 2 vols.（Edinburgh: Nelson, 1949）, vol.1, 351.

図26 メアリ女王とノックス

るメアリ女王を説得する役目（図26）を一身に背負いながら，エディンバラのロイヤルマイルに建つセント・ジャイルズ教会（図27）の牧師として説教を語り続けた．そして，彼は改革の道半ばにして，1572年11月24日に死去した．58年の生涯であった．

図27 St. ジャイルズ教会

以上，スコットランド信仰告白の中心的な著者の一人であり，スコットランド宗教改革の重要な鍵となったジョン・ノックスについて，1545年の回心からスコットランド信仰告白を起草するに至るまでの，およそ15年間の活動の足跡を概観した．本書はあくまでも「スコットランド信仰告白」に照準を当てているため，1560年以降のノックスの活動の詳細については，別の機会に論じたい．

彼の15年間の活動をとおして，スコットランド信仰告白に影響をもたらした蓋然性が高いと考えられるものを二つ指摘しておく．一つは，ブリンガーをはじめ，ミュコニウス，グリュナエウスらが協力して纏め，その後ノックスに回心をもたらした師であるウィシャートが翻訳してスコットランドに広めた第一スイス信仰告白（1536年）である[25]．そして，もう一つはカルヴァンの指導のもと，ノックスが牧師として鍛錬された都市で告白されていたジュネーヴ教会信仰告白（1536／1537年）である．ノックスは直接これらに親しみ, その内容に精通していたに違いないと思われる．ただし，これらをスコットランド信仰告白の直接のルーツとみなすには，より丁寧かつ慎重な検証が求められるだろう．それでも，ノックス自身が

25）出村彰「解題 —— 第一スイス信仰告白」『改革派教会信仰告白集 I』一麦出版社，2011年，375−379頁を参照．

折にふれて学び，告白したであろうこれらも読み比べて，類似点や相違点などを見出すことから，スコットランド信仰告白の特徴を捉える手がかりは得られるのではなかろうか.

2.「六人のジョン」

このスコットランド信仰告白にはノックス以外に，五人の共同起草者がいた．奇しくも，全員の名前が「ジョン」であることから，彼らはひとまとめに「六人のジョン(the Six Johns)」と呼ばれている．ここではおもにジェイムズ・カークの解説に基づきながら，彼ら五人がどのような人物だったのか，その経歴を簡潔に整理しておく[26].

(1)ジョン・ウィンラム（John Winram: 1492 頃−1582 年）

彼は，スコットランド貴族の名家，ウィンラムの一族に生まれた．セント・アンドリュース大学で学び，その地のアウグスティヌス修道会に入会した. 1532年までには神学部で学ぶ神学生となっていたようである. また,名門の家系出身のゆえか，当時のスコットランド議会に議席が用意されていた．1540 年までには神学の博士号の学位を取得し，1541 年からは教員としてセント・アンドリュース大学に在籍していた．この間に，彼は宗教改革の思想に共感し，1546 年にはセント・アンドリュースの籠城派の人々と一時的に行動を共にしたが, 殺害されたビートン大司教の後任者ジョン・ハミルトン大司教から叱責された後は，特筆すべき目立った活動は見られず，1549 年および 1559 年の教会の教区会議には議員として粛々と出席していた．しかし，いよいよ宗教改革への風向きが強くなると，1559 年からは説教者として精力的に活動を始め，1560 年の宗教改革を宣言した 8

26)　ジェームズ・カーク(James Kirk)は, 20 世紀後半における代表的なスコットランド宗教改革の研究者の一人で，グラスゴー大学でスコットランド教会史の教授をつとめた人物.

月のスコットランド議会にも彼は出席している．この年の教会全体総会では，彼を牧師に認定する任職式が行われ，その後，ファイフ州の監督に任命された．[27)]

⑵ジョン・スポティスウッド（John Spottiswoode: 1510−1585年）

グラスゴー大学で学び，卒業後に聖職者を志したものの，異端とみなされたため彼の志は叶わず，イングランドへ渡った．1543年に帰国すると，宗教改革を支持するプロテスタント貴族たちのサークルと行動を共にするようになった．1558年には，ジェームズ・ステュアート卿に伴われて，フランスでのメアリ女王の結婚式に参加している．1560年の宗教改革に際しては，ノックスがロジアン州の監督になることを固辞したため，代わってスポティスウッドが就任した．しかし，彼は実際に監督の責務を果たせず，教会全体総会でもしばしば監督義務の不履行が指摘され，批判された．六人の中でも，プロテスタントの理解が浅く，晩年には監督と司教を同定するなど，プロテスタント陣営からの信用を喪失し，1570年代にはもはや重要な指導者とはみなされていなかった．[28)]

⑶ジョン・ロウ（John Row: 1525頃−1580年）

1544年からセント・アンドリュース大学で学びはじめ，卒業後の1550年代はダンブレイン州の書記官としてローマに派遣され，ローマ･カトリック教会の裁判所で行政官として働いていた．1557年には，ローマで市民法と教会法の資格免許状を取得している．1559年までローマで生活し，その年スコットランドに帰国すると，宗教改革運動に参加した．1560年にパースの牧師に任職されると，1580年に亡くなるまで，終生その地で暮らした．教会全体総会では総会議長に四たびも選出されたことから，同僚の牧師たちからの信頼の篤い牧師だったことが窺える．[29)]

27） James Kirk, ‘Winram, John’, *DSCHT*, 876.
28） James Kirk, ‘Spottiswoode, John’, *DSCHT*, 789.
29） James Kirk, ‘Row, John’, *DSCHT*, 732.

⑷ジョン・ウィロック（John Willock: 出生年不明−1585年）

いつどこで生まれたのか，詳細は不明である．かつてはドミニコ会の修道士だった．1530年代の初期から宗教改革運動に賛同し，異端の嫌疑をかけられて，イングランドに亡命した．1539年には，説教の中でローマ・カトリックの教えを批判し，牢獄に収監された．釈放後，オックスフォード大学で学び，1552年までにはスコットランドに帰国し，南部のボーダー地方を中心に説教者として活動した．イングランドのエドワード六世の死去に伴うメアリの即位に反対する勢力に加担して反逆者とみなされ，エムデンへと逃亡した．1558年には再度スコットランドに帰国を果たし，地方都市を巡りながらローマ・カトリックを批判する説教を語り続けたので，1559年にギーズのメアリによって異端審問への召喚命令が下された．彼はメアリの摂政職の解任論者だったが，1560年に臨終のベッドに横たわるメアリと対面をしている．この年からグラスゴーを活動拠点とし，1561年にはグラスゴーの最初の監督に任命された．そして，1560年代には五度も教会全体総会の議長に選出されるなど，初期の宗教改革の調整役として重要な役目を担った．1565年にグラスゴー監督を辞し，ロンドンに移住した．1568年にスコットランドに帰国した際には，その年に二度開催された教会全体総会で再び議長を務めたことからみて，イングランドへの移住後も，スコットランドの教会と緊密に繋がっていたのは確実である．1585年にイングランドのレスター州ラフバラーにおいて死去した．[30)]

⑸ジョン・ダグラス（John Douglas: 1494−1574年）

1517年にセント・アンドリュース大学のセント・レオナルド・カレッジを修了し，MAの学位を取得後，パリ大学に進学し，神学の学びを続けつつ，薬学部にも在籍した．その後，モンターギュ・カレッジの教師となったが，当時パリで教師をしていた同郷のアーチバルド・ヘイのセント・アンドリュースでの語学大学の開設計画に賛同し，スコットランドに帰国した．しかし，1547年にヘイが死去したため，計画は頓挫してしまった．

30）　James Kirk, ‘Willock, John’, *DSCHT*, 874.

だがその年，セント・メアリー・カレッジの学寮長として迎えられると，1550年にはセント・アンドリュース大学の学長に就任した．大学での彼のキャリアは『規律の書』の編成の際に，特に大学などの学校教育をめぐる改革案として大いに反映され，貢献したものと考えられる．1560年12月に，教会全体総会はダグラスに対する牧師としての按手を承認した．1566年には，ジュネーヴのベザに対し，第二スイス信仰告白への支持を表明する書簡を，数名の署名とともに送っている．

しかし，こうした宗教改革への貢献も，彼自身の行動により晩節を汚すこととなる．1567年に僅か1歳で即位した幼い国王ジェームズを支援する王党派の画策により，これまで空位だったローマ･カトリックのセント･アンドリュース大司教の座がダグラスに打診されると，彼は喜んでそれを受諾し，プロテスタント陣営の反対を押し切って，1572年に大司教に就任してしまったのである．これに対して，プロテスタント陣営は破門による懲戒を彼に宣告し，両者は完全に決別した．ダグラスは年齢的にも大司教としての職責をまっとうできぬまま，1574年に死去した．[31)]

以上の，ノックス以外の五人のジョンの協力によって議会に提出されたのが「スコットランド信仰告白」である．ノックスを含む六人の「共同執筆」とはいえ，誰がどのくらいの分量を担当したのか，誰がどの章を担当したのかなど，作業内容の詳細は不明である．実際には，ノックスが主幹執筆者で，他の五人はノックスの原案に対して意見や感想を述べた程度と考えるのが，蓋然性が高いと思われる．全六巻からなる『ジョン・ノックス著作集（*The Works of John Knox*）』には，スコットランド信仰告白の本文が「ノックスの信仰告白（*Knox's Confession*）」のタイトルで収録されており，原著者がノックスであるとの見方を前面に打ち出している．また，ノックス自身が記録するところによれば，議会への提出が依頼されてから僅か4日間という短期間で起草されたことから，事前にノックスが原案を作って

31） James Kirk, 'Douglas, John', *DSCHT*, 254.

いたと推定される[32]．いずれにせよ，1560年以降，宗教改革をさらに確立させるために貢献した者もいれば，大司教の地位に目が眩みローマ・カトリックに寝返った者もいるなど，六人はそれぞれに各々の道を進んでいった．

また，スコットランド信仰告白とは直接的な関係はないものの，16世紀の宗教改革期にスコットランドで活躍した「ジョン」がもうひとりいるので，併せて紹介しておく．

⑹ジョン・クレイグ（John Craig: 1512−1600年）

北東部のアバディーン州の出身で，セント・アンドリュース大学を卒業後，イングランドに渡り，デイクル卿家の家庭教師を2年間務めた．その後，再び故郷に戻り，ドミニコ会派の修道士となった．しかし，異端の嫌疑をかけられて投獄されたが，1536年には解放された．その後，再びイングランドへ渡り，続いてフランス，イタリアへと渡っていった．ボローニャでは，ドミニコ会修道院の女性修練士たちの指導教師になるよう依頼されたものの，カルヴァンの『キリスト教綱要』を読み，プロテスタントへの回心の意を固め，彼は生活していた修道院を去り，イタリアで家庭教師をして暮らしていた．だがここでも異端の嫌疑をかけられ，ローマで投獄された．そして，審問の後，火刑が宣告された．しかし，1559年に教皇パウロ四世の死去による混乱に乗じて逃亡を諮り，無事にヴィエナに避難することができた．それから，ドイツを経由してイングランドへ渡り，1560年にスコットランドに帰国すると，その直後から，宗教改革の運動に加わり，エディンバラのカウゲートのマグダレン・チャペルで説教するようになった．1561年には，正式にマグダレン・チャペルの牧師に就任し，翌1562年にはノックスの同僚として，セント・ジャイルズ教会の副牧師に就任した．その後，教会総会の議長を三度（1570年，1576年，1581年）務めるなど，改革の初期からノックスを支えて，活躍した．

彼について特筆すべきは，1579年に国王ジェームズ六世のチャプレン

32）　飯島啓二，前掲書，295頁を参照．

に任命されると，第一に，彼は「否定信仰告白（*Negative Confession*）」とよばれる，1581年に国王とスコットランド国民との間で交わした契約文を起草したことである[33)]．第二に，彼は「クレイグのカテキズム[34)]」として知られる教理問答書を作成した．この教理問答書は，これまで用いられてきたジュネーヴ教会信仰問答やハイデルベルク教理問答の英訳版に代わって，国内で広く活用されるようになり，これをさらに簡略化したものが，聖餐にあずかるための準備期間中の審査で用いられるようになった[35)]．このように，ジョン・クレイグはスコットランド信仰告白以外のもう一つの信仰告白を起草するなど，宗教改革の発展に貢献した人物の一人であった．

以上のように，スコットランドの宗教改革は，ノックス以外にも数々の同名の「ジョン」たちの貢献と目覚ましい活躍があったまれな事象だったのである．

33）「否定信仰告白」は，若きジェームズ王がローマ・カトリックを国内に復興させるのではないかと危惧する国民やプロテスタント陣営に対して，そのようなことはしないと「否定」する内容であることから，そうよばれている．それ以外にも，「国王の信仰告白」や，まれに「第二スコットランド信仰告白」とよばれることもあり，『改革派教会信仰告白集Ⅲ』（一麦出版社，2011年）には後者の名称で和訳が収録されている．

34）その内容と構成を概観すると，神に関する項目は，使徒信条の順序と同様，父・子・聖霊の三位一体の順序に配置され，父なる神に関する問答の数は44，御子イエス・キリストに関する問答の数は102，そして聖霊に関する問答の数は23と，キリストに比重が置かれている

35） Ian P. Hazlett, op. cit., 159.

第3章　スコットランド信仰告白（1560年）
―― 本文とポイント講話

はじめに　スコットランド信仰告白の‘復活’

日本でも長年にわたって広く知られ親しまれてきたハイデルベルク教理問答書とは異なり，スコットランド信仰告白は，実は長らく改革教会の伝統の表舞台からは消え去り，すっかり忘れられた存在であった．その理由は，イングランドとスコットランドとアイルランドの三国のキリスト教を同一の信仰告白のもと，同一の長老制度によって統一することを目的に，1647年にロンドンで作成されたウェストミンスター信仰告白を，スコットランドの教会が公式な信仰規準として採択し，それによって，スコットランド信仰告白がそれまでの信仰規準としての公式な位置づけを失ったからである．それ以来，スコットランドでは，ウェストミンスター信仰告白が批判や弁証の議論の中心となり，その解釈をめぐっては，国の内外でさまざまな対立，衝突，分裂が生じていった．スコットランド信仰告白は，事実上，完全に「過去の遺物」と化していた．

そのようなスコットランド信仰告白に再び脚光を当て，これを復活させたのは，20世紀を代表する改革派の神学者のひとり，カール・バルトであった．1937–38年にわたりアバディーン大学を会場に「宗教改革の教説による神の認識と神の礼拝（The Knowledge of God and the Service of God according to the Teaching of the Reformation）」の主題で彼が行った20回の連続講演「ギフォード・レクチャー」は，1938年にドイツ語と英語で同時に出版された．この講演録は，日本では，ドイツ語からの直訳である「神認識と神奉仕（*Gotteserkenntnis und Gottesdienst*）」（宍戸達訳）の表題で，1971年に刊行された『カール･バルト著作集』の第9巻に収録されている．

この連続講演をとおして，あらためてスコットランド信仰告白に湛えられている改革派信仰の豊かさを再発見する機会が与えられたのであった.

カール・バルトとスコットランド信仰告白を関連づけて，永井修（元日本基督教団森小路教会牧師）は次のように記している.「バルトは第二次大戦中，繰り返しこの信条を読み，慰めを得ていたと伝えられる．混乱した現在日本の教会においてこそ，この信条は新しく読み直さなければならない[36]」．スコットランド信仰告白は，しばしば粗削りとも論争的とも攻撃的とも評され，「かなり口汚ない表現がみられる[37]」とさえ言われるが，20 世紀を代表する一人の偉大な神学者がこの信仰告白から得ていたのは「慰め」だった点はとても興味深い．スコットランド信仰告白の制定から 3 年後に記されたハイデルベルク教理問答（1563 年）が真っ先に「慰め」を問うたこともすぐに想起される．現代の日本で，改革派の伝統を尊重しながら信仰をもって生きる一人ひとりが，この信仰告白から新たに読み直して得られる「慰め」とはどのようなものか．永井修が「混乱した現在日本の教会においてこそ，この信条は新しく読み直されなければならない」と締め括ったように，16 世紀の文脈と合わせ，21 世紀現在の文脈から解釈しつつ，実際にスコットランド信仰告白（1560 年）の各部の本文の内容とそのポイントを丁寧に整理し，ノックス没後 450 周年の節目に合わせて読み直していく．

表紙・序文

〈表題〉

1560 年 8 月の議会でスコットランドの貴族諸侯に提示され，そして，彼

36） 永井修『改革教会信仰告白要覧』全国連合長老会出版委員会，1999 年，59 頁より引用．永井牧師の伴侶，永井春子牧師（日本キリスト教会香里園教会）はスイスに留学し，バルトに直接に師事した希少な日本人女性だったため，この記述の信憑性は高いと思われる．

37） 飯島啓二，前掲書，296 頁より引用．

らの公式な投票によって誤りのない神の言葉に基づく教理として承認され，その後，議会および合法的な全体総会の種々の法によって確立され，公に批准された，スコットランドのプロテスタントによって信じ，告白される信仰と教理の告白

〈聖句〉

マタイによる福音書 24 章 14 節

「そして御国のこの福音はあらゆる民への証しとして，全世界に宣べ伝えられる．それから，終わりが来る」．

〈序文〉

スコットランドの貴族は，イエス・キリストの聖なる福音を告白するスコットランド国民と共に，切に祈り願います．自分たちと同じ貴族階級の者たちに，そして，主イエスを告白する他のあらゆる国々とその国民に，救いのために，わたしたちの主イエス・キリストの父なる神からの恵みと慈しみと平和が，義の裁き手なる聖霊と共に，ありますように，と．

親愛なる兄弟たちへ．わたしたちは，自らが公言し，またそのために恥辱や危険を被ったその教理を世界に知らしめたい，と長きにわたり切望してきました．しかし，わたしたちに対する，また，キリストの永遠の真理に対するサタンの猛威は，つい最近もわたしたちの間で新たに生まれ変わり，そのため，本来なら喜んでしていたはずでしたが，今日まで，自分たちの信仰を表明する時期も機会もありませんでした．わたしたちが今日までどれほど苦しめられてきたかは，ヨーロッパの広範囲に十分に知れわたっているもの，とわたしたちは思います．

しかし，わたしたちの神（御自身の苦しむ民が完全に打ち負かされるのを決して黙認しないお方）の計り知れない優しさによって，わたしたちに思いがけない安らぎと自由が与えられたため，わたしたちに提出され，わたしたちが信じ，告白する教理に関するこの簡潔で明白な信仰告白を，わたしたちは提示せずにはいられません．それは，ある面では，わたしたち

に対する誹謗によって深く傷つけられ，今も傷ついていると思われる兄弟たちに十分に応えるためであり，また，ある面では，聞いたこともなく，また理解もしていないその教理を，厚かましくも非難する恥知らずな冒瀆者たちを黙らせるためでもあります．

わたしたちは，そうした悪意が，ただわたしたちの信仰告白によるだけで解決するとは思いません．なぜなら，福音の芳しい香りは，滅びの子たちにとっては死となること，また死となるべきことを，わたしたちは知っているからです．しかし，わたしたちがおもに考慮しているのは，わたしたち自身の脆く弱い兄弟たちのことであり，わたしたちの神聖な計画を打ち砕こうとして，サタンが広めている種々の噂に彼らが惑わされたり，流されたりすることのないよう，彼らにわたしたちの真意を伝えることです．表明しておきますが，もしもわたしたちの信仰告白の内に，神の聖なる御言葉に反する箇条や文章に気づいた人がいれば，どうか寛大さとキリスト者の思いやりから，文章に記してそれをわたしたちに知らせてください．そして，わたしたちは自らの名誉にかけて，神の恵みによって，神の口から，すなわち聖書から，満足できる答えを提示するか，あるいは，誤りであると証明できたものはすべて改めることを約束します．なぜなら，わたしたちがあらゆる異端的な分派や誤った教理を教えるあらゆる教師たちを心の底から忌み嫌い，そして，謙遜のかぎりを尽くして，キリストの福音の純粋さを受け入れていることを心にとめてくださるよう，神に請い求めるからです．キリストの福音は，わたしたちの魂の唯一の糧であり，またそれゆえに，わたしたちにとって最も貴重なものであるからこそ，それがわたしたちの魂からだまし取られることよりも，むしろ，最大の世界的な危険をさえ被ることへ，わたしたちはあらかじめ定められているのです．なぜなら，わたしたちは，キリスト・イエスを否む者や人々の面前で主を恥じる者は誰でも，御父の前で，そして聖なる天使たちの前で否まれることになる，と堅く確信するからです．したがって，わたしたちの主イエスの力ある霊の助けによって，わたしたちは，終わりの時に至るまで，以下の各章におけるとおりの，わたしたちの信仰の告白の内に堅く留まり続ける所存です．

本文に先立って，次の三点を確認する必要がある．それは(1)“正式な”タイトル，(2)表紙に記載された聖句の意味，(3)「序文」である．

(1)“正式な”タイトル

一般的に「スコットランド信仰告白」とよばれている名称は，実は「略称」であり，実際に1560年に批准された文書の正式なタイトルは下記のとおりである．

> **1560年8月の議会でスコットランドの貴族諸侯に提示され，そして，彼らの公式な投票によって誤りのない神の言葉に基づく教理として承認され，その後，議会および合法的な全体総会の種々の法によって確立され，公に批准された，スコットランドのプロテスタントによって信じ，告白される信仰と教理の告白**

あまりに長すぎるため，略称である「スコットランド信仰告白」（英語ではさらに短くアルファベット5文字‘Scots’）が，この信仰告白を示す一般的な呼称としての市民権を得たのであった．

省略された箇所を改めて確認すると，この信仰告白を公示する宗教改革陣営の人たちの思いが浮かび上がってくる．第一に，この文書が「**議会**」での公正なプロセスを経た合法的な文書である点が強調される．この点を前面に打ち出すことで，この信仰告白が宗教改革陣営によるプロパガンダの文書ではなく，「**公に批准された**」，つまり国家全体に公的な拘束力をもつ公式文書であることを際立たせている．

第二に，「**神の言葉に基づく教理**」と言明されるとおり，教会の信仰の土台が聖書（神の言葉）であるという「福音主義」の宣言である．マルティン・ルターが1517年10月31日の「九十五箇条の提題」で鋭く批判したのが，「神の言葉に基づかない」免罪符（贖宥状）の教えとその販売であった．宗教改革とはまさに「聖書（神の言葉）」に立ち帰ることにあり，改革原理の特徴の一つとして「聖書のみ（sola Scriptura）」の標語が掲げられたことはよく知られている．そして，スコットランドの宗教改革も同様に，「**神の言葉に基づく教理**」に則した聖書的な信仰とは何かを，この信仰告白でまさに明らかにするとの決意すら読み取れよう．

⑵表紙に記載された聖句の意味

出版された信仰告白の表紙には，先のタイトルの下に一節の聖句が記されている．それがマタイによる福音書 24 章 14 節の言葉である．ノックスをはじめ，信仰告白を起草した改革者たちが数多くの聖句からこれを選択した理由は何であったのか．あいにくその理由を明示する記録は現存せず，推察するほかないが，改革者たちが神の言葉に基づく「福音」が「宣べ伝えられること」に宗教改革の重点を置いたからこそ，この句が選ばれたことは自明と言えよう．

スコットランドの宗教改革の特徴はまさに「福音を宣べ伝える」ことに重点を置いた，徹底した「福音主義」であった．またそれゆえに，先に確認したとおり，教会の最優先課題として「説教」の大切さが強調され，また，この信仰告白の第 18 条「真の教会のしるし」の第一のしるしに「説教」が位置づけられ，この点はルター派と改革派に共通する教会論であり[38]，特に，この聖句を表紙の中央に掲げ，「福音を宣べ伝えること」を教会の改革と宣教活動の中心に置くことを印象深く明示したものと考えられる．

さらに，この聖句の「終わりが来る」という黙示的終末論の信仰も，確かに他の宗教改革運動，特にイタリアのサヴォナローラが主導した改革運動での強調点であった[39]．また，16 世紀以前のペストの世界的大流行（パ

38）アウクスブルク信仰告白の第 7 条「教会について」，およびジャン・カルヴァン『キリスト教綱要』Ⅳ . 1. 9 を参照．

39）たとえば，ドナルド･K. マッキムは『宗教改革の問い，宗教改革の答え』（拙訳，一麦出版社，2017 年）の 36 頁で「サヴォナローラが語るメッセージは黙示的な特性が具わっていました．彼は，教会の回復に先立って，今にも下されつつある教会への天罰を予告しました．……彼は聖職者の腐敗，独裁政治，貧しい人々からの搾取などに抗して，説教しました」と述べて，15 世紀末のイタリアで生じたサヴォナローラによる改革運動のメッセージは，神による黙示的な裁きの特色を帯びていたことを指摘する．

ンデミック）により，実に多くの人命が失われ，あたかも終末における最後の審判が始まったかと思われるような不安と恐怖と混乱がヨーロッパ世界全体を覆い，これに乗じて免罪符の売買が盛んに行われ，これが後にルターの宗教改革の導火線となったのである．

神の言葉に基づいて，福音が正しく宣べ伝えられるとき，また宣べ伝えられ続けるとき，何よりもまず，神の言葉に基づかない「偽りの教え」が明らかにされる．そのことは，改革者たちが命懸けで証明した真実であった．聖書に基づいて福音が宣べ伝えられるとき，改革者たちが鋭く批判した当時のローマ・カトリック教会の腐敗と支配の「終わりが来る」．福音が宣べ伝えられるとき，信仰者は免罪符による救済ではなく，罪に対する真の悔い改めが迫られるとともに，イエス・キリストの十字架と復活による真の救済が明らかにされていく．

こうして，信仰告白の表紙に提示されたこの一節の聖句によって，ヨーロッパ全体を席巻した福音主義的プロテスタンティズムの宣教的な特徴が示されるとともに，「福音宣教」を重視するというスコットランドの宗教改革の方向性が端的に示されていると言えよう．

⑶序文

本文に先立って，この信仰告白にはまずこの長めの序文がある．同時代のさまざまな改革教会の信仰告白の中でも序文があるというのは珍しい特徴と言える．アメリカ合衆国長老教会［P C（U. S. A.）］の『信仰告白集（*Book of Confessions*）』にはこの序文を省略した本文しか収録されておらず，そのため，多くのアメリカ人キリスト者も，実はスコットランド信仰告白にこの序文があることを知らないのではないだろうか．

この序文は 1560 年 8 月にスコットランド議会で承認された後に加筆されたものである．「六人のジョン」による本文に，宗教改革を支持し，公的に所管するプロテスタントの貴族議員がこの序文を書き加えたという体裁になっており，序文が「**スコットランドの貴族は**」という主語で始まっているのはそのためである．

スコットランドの宗教改革の樹立の背後には，第一章で確認したように，イングランドとフランスとの三国関係の狭間の政治的な力学も絡み，国内では，フランス出身でローマ・カトリックを信奉する，上皇后かつ摂政であるメアリ・ド・ギーズの権勢に抗し，すでに宗教改革に着手していたイングランドとの親和路線を開こうとする貴族たちの強い協力のもとで宗教改革は進められていった．こうした貴族たちにとっても，イングランドと同様の宗教改革の実現は待望する出来事だった．

内容に関しては，終盤にこう書かれている：「**もしもわたしたちの信仰告白の内に，神の聖なる御言葉に反する箇条や文章に気づいた人がいれば，……文章に記してそれをわたしたちに知らせてください．そして，わたしたちは自らの名誉にかけて，神の恵みによって，……聖書から，満足できる答えを提示するか，あるいは，誤りであると証明できたものはすべて改めることを約束します**」．ここでは「**もしも**」と仮定した上で，信仰告白の内容をめぐって誤りが判明すれば，それを改めると約束される．この箇所について，飯島啓二は「信仰告白の無謬性の否定」であると解説する[40]．つまり，信仰告白も所詮は人間の手によるものであり，時代の制約の中で編まれたものである以上，間違いもありえるだろうし，将来的には覆され，正されるべき無知蒙昧も含まれるだろう，と．確かにそのとおりであるのが，ここで言われているのは寧ろ，「**聖書から**」という，徹底して聖書の御言葉に基づく教理の再確認である．聖書の御言葉に立ち帰って過ちを正す．それこそが宗教改革の主眼点だった．確かに，この序文は後から貴族たちによって加筆された文書であるが，いみじくも，スコットランドの宗教改革の「御言葉によって絶えず改革される」という姿勢が宣言されたことになる．おそらく，この序文は貴族たちだけで作成されたのではなく，信仰告白の原案を起草した改革者たち，特にノックスには意見を求めたものと考えられよう．

それでは，以下，「スコットランド信仰告白（1560年）」の本文の内容を丁寧に確認していく．

40） 飯島啓二，前掲書，297頁を参照．

第 1 条　神

わたしたちは，ただひとりの神を告白し，かつ認め，このお方だけに依り頼むべきであり，このお方だけに仕えねばならず，このお方だけを礼拝すべきであり，そして，このお方だけに信頼を託します．このお方は，永遠かつ無限であり，計ることも理解することもできず，全能にして不可視であり，その本質において一つでありながら，父・子・聖霊の三つの位格に区別されます．このお方によって，天と地にあるもの，見えるものも見えないものもすべてが創造され，その存在が保持され，しかも，神の永遠なる知恵と善と義の目的に向かって，また神ご自身の栄光が明らかとなるために，その計り知れない摂理によって，支配され，導かれると，わたしたちは信じ，告白します．

この第 1 条の主題は「神」である．ウィシャートが訳した第一スイス信仰告白（1536 年）では，神は第 6 条に位置づけられ，第 1 条には聖書が置かれていた．また，ジュネーヴ教会信仰告白（1536 ／ 1537 年）では，第 1 条に「神の言葉」が，第 2 条に「唯一の神」が配置されているため，ノックスが先行する信仰告白をただ真似てこの信仰告白をまとめたわけではないことがわかる．むしろ，ノックスが第 1 条に神を置いたことの意義を考えるべきであろう．内容のポイントを次の三点，⑴「ただひとりの神」への応答，⑵神の本性，⑶神の創造と摂理，に絞って確認していく．

⑴「ただひとりの神」への応答

信仰者が信じる神は「**ただひとり**」だけであることを告白し，認めることから，信仰告白は始まる．英語の原文でも「**だけ**（only）」の語が印象深く何度もくり返される．興味深いのは，他の信仰告白では直ちに神の本性や属性が列挙されるところであるが，この信仰告白では，その告白と認識が具体的にどのような人間の側の応答，すなわち「**依り頼む，仕える，礼拝する，信頼する**」ことに展開されていく点である．これに関しては，「わたしたちは唯一の神が存在することを認める．わたしたちはこの神を崇めねばならず，またこれに仕えねばならず，すべての信頼と希望をそこに置かねばならない」と述べるジュネーヴ教会信仰告白との明確な類似性が認められよう．ただひとりの神を認めたなら，人間はこのお方に対してどのような態度をもって臨むべきかが問われるのである．

これまでのローマ・カトリック教会では，使徒ペトロの代理者として位置づけられた教皇という最高権威者が君臨し，教皇を頂点とするピラミッド型の位階制の権力構造が確立されていた．12 世紀末に教皇に選出されたインノケンティウス三世の時代に教皇権は全盛期を迎え，ヨーロッパ諸国に影響力を行使したことは，高校の世界史の教科書で習うことである．教皇は中世のヨーロッパ世界では唯一無二の存在であった．いつしか，この教皇が，信仰者にとって依り頼むべきお方，仕えるべきお方，信頼すべきお方になってしまっていたのである．

しかし，宗教改革が鮮明にしたのは，依り頼むべきは教皇でもなければ，教皇が列聖した聖者たちでもなく，「**ただひとりの神だけ**」である．キリストの弟子であるキリスト教徒は，「**ただひとりの神だけ**」を礼拝するのであって，教皇が列聖した聖者を礼拝するのではない．スコットランドの宗教改革の出発が，教会と信仰におけるただひとりの神の正位置の回復を謳うこの第一声からはじめられる．

⑵　神の本性

次に，ただひとりの神の本性が列挙されていく．他の信仰告白には認められる「**義**」や「**善**」「**栄光**」等の神に具わる本性は，後述する神の摂理に移されている．その理由は定かではないが，本性を列挙することよりも，神が完全に人間を超越したお方である，との認識を言明することに重点が置かれている．

そして，人間の認識を超越した「**ひとりの神**」は「**父・子・聖霊の三つの位格に区別され**」ながらも，神性において全く同質である「三位一体」

の神としてご自身を啓示するお方であることが言明される．人間の神認識は，調査や研究，修行などの結果によって到達したものではなく，完全にわたしたちを超越したお方の自己啓示によるものである．

(3)神の創造と摂理

人間をはるかに超越した神が，この世界の創造者である．「**天と地にあるもの，見えるものも見えないものもすべて**」という表現はニカイア（・コンスタンティノポリス）信条のはじめの言葉に一致している．これは偶然ではなく，意図されたものと考えるべきであろう．ただひとりの神が創造者であり，神以外のすべては被造物である．そして，このひとりの神はこの世界と人間たちの営みを超越した高い場所から眺めておられる傍観者ではない．神が保ち続けているからこそ，この世界は滅びず，保持されている．「**しかも**」，神はこの世界をただ保持しているだけでなく，この世界を統治し，神の栄光が明らかになるために，ご自身の知恵と善と義をめざして，この世界を導いておられる．この世界には，辛いことや悲しいこと，それに不条理としか言いようのない痛ましい災禍も生じる．そうした苦しみや嘆きで覆われる試練の時もあれば，将来を見通せない不安に陥る時もある．それでも，神はこの世界を導いておられる．たとえ悪からでさえ「**善と義**」をもたらそうと，マイナスからプラスを導き出すために，神はこの世界を治め，導いておられる．これが「**摂理**」の理解である．

宗教改革期に作成された多くの信仰告白では，神の摂理が告白される．ともすれば罪の力が支配的で，世知辛いと思えるような世の中にあっても，神の摂理の信仰は人類に慰めと励ましをもたらす教理である．また同時に，忍耐ももたらす．いまの苦難や辛さのただ中でも，神はご自身の「**善と義**」の御計画のもとで，その先にある「**善と義**」に向けて導いてくださっている，という確かな希望がある．「神を愛する者たち，つまり，御計画に従って召された者たちには，万事が益となるように共に働くということを，わたしたちは知っています」（ローマの信徒への手紙8章28節）．だからこそ，たとえ災禍のただ中でも，信仰者は希望をもっていまを耐え忍ぶことができるのである．

第２条　人間の創造

神が人間を，すなわち，わたしたちの最初の父祖アダムを，御自身の像に，御自身に似せて創造し，神はこの人間に知恵と主権，正義と自由意志，そして自意識を授けてくださり，その結果，人間のあらゆる本性の内に不完全性など見出し得なかったと，わたしたちは告白し，認めます．男も女も共に，その栄誉と完全さから堕落し，蛇にそそのかされた女も，女の声に従った男も共に，禁じられた木から採って食べれば死ぬ，とはっきりとした言葉であらかじめ警告しておられた至高なる神の主権に背いたのです．

第２条に位置づけられているのが「人間の創造」である．第１条で，「天と地にあるもの，見えるものも見えないものもすべて」というニカイア信条の言葉を用いつつ，ただひとりの，三位一体の神による世界の創造と摂理を宣言したが，第２条では，神の被造世界を生きる人間についての言明となる．

同時期に作成された他の信仰告白文書と比べ，人間に言及するのが信仰告白全体で第２条という，かなり前方に位置付けられているのも特徴的と言える．たとえば，フランス信仰告白もベルギー信仰告白も，神に続くのは「聖書」である．どのようにして神を知ることができるのかとの問いに対し，「それは聖書をとおした神の自己啓示による」という具合に，神の後に聖書が続くのは自然な流れだ．それに対し，このスコットランド信仰告白が「人間」を第２条に位置付けた理由を考えると，この信仰告白が聖書正典の順序に則って構成されているという特徴が指摘できる．創世記の冒頭で創造者なる神が登場し，そして神が創造されたこの世界に登場するのは，聖書ではなくアダムとエバの人間である．したがって，聖書正典順としては，神から人間へという流れは自然なことである．

さらに，カルヴァンが『キリスト教綱要』の冒頭で述べた「神認識と人間認識との不可分性」も思い起こされる．彼は次のように記している．

「我々の知恵で，とにかく真理に適い，また堅実な知恵と見做されるべきものの殆ど全ては，二つの部分から成り立つ．すなわち，神を認識することと，我々自身を認識することである．ところが，この二者は多くの絆によって結び合っているので，どちらが他方に先立つか，どちらが他方を生み出すかを識別するのは容易ではない[41]」．

この点を意識すれば，人間を第2条に位置付けることで，この信仰告白の起草者たちは，第1章で記した神認識との連続性や不可分性を構造的に際立たせるとともに，自ずとカルヴァンの『キリスト教綱要』の教え（改革派神学）との連続性を示していると解釈することもできよう．

第2条の内容のポイントとして次の三点，⑴神の像，⑵人間の本性，⑶堕落，に絞って確認していく．

⑴神の像（イマゴ・デイ）

アダムの創造については，「土の塵（アダマ）」や「命の息」等への言及は特にみられず，「**神の像**（イマゴ・デイ）」の一点に集中している．「像」を意味するラテン語「イマゴ（Imago）」は英語「イメージ（Image）」の語源である．日本でも「イメージする」などすっかり日常語として定着し，「想像する，映し出す」といった意味で使われている．わたしたちはおそらく毎日鏡越しに自分自身の顔や容姿を確認している．鏡に対して正面に向き合わなければ，鏡は自分の像（姿）を映し出してはくれない．正面で向き合ってはじめて，鏡は自分の像を映し出す．この鏡の実例は，神と人間の関係に置き換えることができる．人間は，本来的に神と正面に向き合い，そうして「神を映し出す（イマゴ・デイ）」存在として創造された．そのような神と人間との生来の人格的な関係性を示すのが「**神の像**」である．人間は，人種や国籍，性別や宗教の違いを超えて，一人ひとりがこの「**神の像**」と

41） ジャン・カルヴァン，渡辺信夫訳『キリスト教綱要（改訳版）』1. 1. 1，新教出版社，2007年，38頁より引用．

いう共通の等しい本性を具えている．世界中の誰もがこの「神の像」という共通の絆で一つに結びついている．

(2)人間の本性

スコットランド信仰告白は，堕罪前と堕罪後ではっきりと人間を区別し，堕罪前の人間には肯定すべき本性が神によって授けられていた点を明示する．ここは第一スイス信仰告白の影響を受けている点であると言えよう．なぜなら，その第7条「人間について」でこう記される．「人間は地上における最も完全な神の似姿であり，すべての目に見える被造物の中で最も尊貴で高尚である．……この人間は神によって，義にして正しいものとして創造されたが，自分自身の罪科によって罪に落ち，人類全体を自らとともに現在の堕落へと引き込み，このような悲惨さへと屈服させてしまった[42]」．このように，堕罪前の人間の本性を「最も尊貴で高尚」，また「義にして正しい」と全面的に肯定する．

これに対し，ジュネーヴ教会信仰告白の場合，第4条の「生来の人間」では「生来の人間は悟性の闇の内にあってまったく目が見えず，心は腐敗と邪悪に満ちており，自分自身では神に関する真の知識を，あるがままに理解しうるいかなる力もなく，善を行うことに専念する力もないほどであることを，わたしたちは承認する[43]」と述べ，堕罪前・後の区別なく，人間の生来的な本性は全否定される．このように，スコットランド信仰告白は，第一スイス信仰告白に倣い，堕罪前の人間の本性を全肯定し，堕罪後の本性を全否定するという構造となる．

本文では，神から人間に授けられた本性として，「**知恵**」「**主権**」「**正義**」「**自由意志**」「**自意識**」といった言葉が用いられ，どれも物事を正しく判断し，識別することに深く関わる能力である．第一スイス信仰告白が人間の本性に対する評価の言葉で占められるのに対し，スコットランド信仰告白

42）「第一スイス信仰告白 1536 年」（出村彰訳），『改革派教会信仰告白集 I』一麦出版社，2011 年，360 頁より引用．

43）「ジュネーヴ教会信仰告白 1536 ／ 1537 年」（石引正志訳），『改革派教会信仰告白集 I』一麦出版社，2011 年，390 頁より引用．

では，人間の本性に具わる具体的な能力，つまり，その本性の内実に言及する．人間とは本来，神によってどのような能力が授けられていたのかが挙げられ，どれも，教会でも政治でも，通常の市民生活でも，昔も今もこれからも，人間に求められる基本的な能力である．いつの時代も不変に求められるこれらの能力はどれも神に由来しており，またそれゆえに，神から授けられなければ，誰一人，人間には具わらないものである．一人ひとりの人間に具わる豊かな能力は神からの賜物である．人間の本性を成すものはどれも皆，神が与えてくださった賜物であるとの確信から，罪を犯す前の人間（最初の父祖アダム）には不完全なところは一切なかったとの認識が示されている．

⑶**堕落**

しかしながら，人間は男も女も神の言葉を忘れ，蛇の誘惑にそそのかされて，はっきりと禁じられていたことを犯してしまったのである．神の言葉を忘れ，神の警告を無視することは，明確に「**神の主権**」に背くことである．その結果,不完全なところなどなかったはずの人間は,神から授かった栄誉と完全さを失うこととなった．これが「原罪」として知られる，最初の人間が犯した最初の罪であり，罪の本質が，神の言葉を忘れ，神の警告を無視し，神の主権に背くことである点を際立たせている．

なお,「**男も女も**」と両性を明示するのはこの信仰告白の特徴である．男であれ女であれ，この堕落は「神の言葉」を忘れたとき，獲物を狙う蛇のように気配を殺しながら，人間の身近に忍び寄ってくる．

第3条　原罪

原罪として一般に知られているこの罪過によって，神の像はすっかり破壊され，そして，人間とその子孫は，生まれながらにして，神への敵対者，サタンの奴隷，そして罪の僕となりました．こうして，永遠の死は，昔も

今もこれからも，上から新しく生まれることのない者すべてに対して，これまでもこれからも猛威を振るい，彼らを支配し，しかも支配し続けます．この新生は，御言葉においてわたしたちに啓示された神の約束の中で保証された信仰を，神がお選びになった者たちの心の内に創造してくださる聖霊の力によってもたらされます．この信仰によって，わたしたちは約束された恵みと慈しみを御自身の内に具えておられるキリスト・イエスを理解します．

第3条は，先の第2条「人間の創造」からの直接的な連続性をもつ条項である．この第3条のポイントとして次の三つ，⑴神の像の破壊，⑵新生，⑶聖霊の力，に絞って確認していく．

⑴神の像の破壊

先の第2条で述べられていたように，人間は神の言葉を忘れ，誘惑にそそのかされて，神の主権に背いてしまった．それが「原罪（オリジナル・シン）」とよばれ，そこに罪の起源（オリジン）がある．この原罪が人間にもたらしたのは，神の像の破壊だった．それはちょうど，毎日自分の顔を映し出していた手鏡をうっかり床に落として割ってしまい，その鏡越しに自分の姿を見ることができなくなってしまったようなものだ．その手鏡はもはや何の役にも立たず，処分するほかない代物である．しかも，割れたガラスは触れた者を傷つける危険物になってしまった．このように，罪によって神の像が破壊された人間は「**生まれながらにして，神への敵対者，サタンの奴隷，そして罪の僕**」へと一変してしまったのである．原罪による神の像の破壊は人間の本性を激変させ，神とのかかわりにおいて，人は生まれながら，ここで言い表されているような本性となったのである．裏を返せば，それだけ「神の像」という本性が人間にとってどれほど重要なのかを物語っている．「罪人」という言葉に慣れ切ってしまった信仰者たちに，今まさに現実の人間が陥っている悲惨な状態を直視することを，この信仰告白は求めていると言える．

⑵新生

さらに，原罪によってもたらされる更なる悲惨が「**永遠の死**」と表現されている．それはまさに神による究極の救いを代表する「永遠の命」の対極を示している．原罪により，すなわち神の言葉を忘れ，神の警告を無視し，神の主権に背くことにより，人間は自らが招いた悲惨の状態から自力で抜け出し，自力で回復することはできない．人間がこの惨状から抜け出すために必要なのが「**上から新しく生まれること**」である．「**上から**」，すなわち，神の霊によって天上からもたらされる「新生」なくして，人間は原罪によって陥った悲惨から脱出することはできない．イスラエルの民がエジプトでの悲惨な奴隷状態から脱出できたのは，モーセをとおして働きかけてくださった神ご自身の力によるものであって，自分たちの知恵や努力の成果によるものではなかった．人間が罪の奴隷状態から脱出することができるとすれば，それは神の恵みによって，聖霊の力によって，信仰によって上から新しく生まれることによる以外にはない．この新生は物理的な外的次元において生じるものではなく，霊的な内的次元において生じる出来事であり，信仰者として生きるとは，この新生の恵みにあずかって生きることにほかならない．

⑶聖霊の力

いったい誰が，新しく生まれて，この悲惨の状態から脱出できるのか．それは「**神がお選びになった者たち**」である．ここにカルヴァンの改革派神学を特徴づける予定の教理が反映されているのが確認できる．救われるに値しない罪人であるにもかかわらず，イエス・キリストにおいて，恵みの賜物としての救いを自由に与える権限は，ただ神にしかない．神の主権の強調こそ，改革派神学における予定論の基本である．わたしたち人間の側の業や努力によって，新生を戦利品のごとく勝ち取るのでも，賞として与えられるのでもなく，神の側からの恵みに満ちた選びによって，罪人に新生がもたらされるのである．

この新生をもたらすのは聖霊の力である．人間が自力で新生することなどまったく不可能である．上からの，聖霊の力によって，罪人は霊的に新しく生まれ，永遠の死の支配から永遠の命の支配の中へと，ガラリと大きく変えられていく．信仰をもたない人の心の内に信仰を創造する聖霊が新生をもたらすのである．そして，聖霊によって創造された信仰によって，わたしたちは真のイエス・キリストを理解し，信仰によって，霊的にキリストと一つに結び合わされる恵みを経験する．予定とともに，聖霊の力と働きに焦点が向けられる点も，改革派神学の顕著な特徴の一つである．

第 4 条　約束の啓示

神は，御自身への服従からの，恐ろしく忌わしい人間の離反の後も，再びアダムを探し求め，彼に呼びかけ，叱責し，そして彼に自らの罪を自覚させ，そして，最後には「女の子孫が蛇の頭を砕く」，つまり，その女の子孫が悪魔の業を打ち破るだろう，との喜ばしい約束を，何度も彼にお示しくださった，とわたしたちは信じ続けます．この約束は，その都度繰り返され，また明らかにされました．それは喜びで満たされて，アダムからノアへ，ノアからアブラハムへ，アブラハムからダビデへ，そうしてイエス・キリストの受肉に至るまで，すべての信仰深い人たちによって一度も絶えることなく受け継がれてきました．すべての人々（律法のもとにあって信仰をもち続けた父祖たちのことを意味する）は，キリスト・イエスの喜ばしき日を望み見て，喜びにあふれました．

第 4 条は，罪を犯した人間に対し，神がどのようなお方であるのかを提示する条項である．ここでのポイントを次の三点，⑴悪魔の業に対する勝利の約束，⑵約束の継承と実現，⑶喜びの根拠，に絞って確認していく．

⑴悪魔の業に対する勝利の約束

先の第 3 条で記されていたように，原罪によって人間に具わる神の像は破壊され，こうしてもたらされた人間の罪の性質を「**恐ろしく忌わしい人**

間の離反」と表現する．神が人間から離れていったのではなく，人間が神から離反したのである．それにもかかわらず，神は離反した人間を見捨てることなく，「**探し求め，呼びかけ**」てくださるお方である．そして，神ご自身の言葉によって，人間を「**叱責し，罪を自覚させ**」るお方である．ここにわが子に対する親としての，神の人格的な姿が描写されている．神は優しさとともに，厳しさの両方を具える人格的な神である．

この親子の関係を少し違う角度から考えてみると，子育てでは親による子へのしつけが大切となる．英語にはこの「躾」に合致する言葉はなく，「ディシプリン（Discipline）」がこれに相当するが，この語は弟子を意味する「ディサイプル（Disciple）」に由来する．親子という関係性よりも，師弟の関係における「規律・訓練」のことである．スコットランドの宗教改革では，信仰告白とともに議会に提出された重要な文書が『規律の書（*Book of Discipline*）』であった．スコットランド宗教改革は，真の教会の第三のしるしとして「規律」（第 18 条）も重視した点も忘れてはならない．神との人格的な関係性の確立こそ，信仰者にも教会にも必要不可欠なことである．

ところで，この第 4 条の本文で，人間に罪を自覚させた後，「悔い改めさせ」の言葉がない点に気づく．悔い改めは自らの罪を自覚したときに，聖霊の力によって人間の内に生じる，人間をガラリと造り替える方向転換である．神は自らの罪を自覚させるまで人間を導く．自らの罪をまざまざと自覚したとき，人は悔い改めるのか．それとも，その罪の責任を他者に転嫁してしまうのか．原罪の場面における人間の最初の失敗はまさに「責任転嫁」にあった．「わたしは蛇にそそのかされてしまった．悪いのは蛇だ」と責任を転化したエバ．それに「わたしは悪くない，あなたがわたしと共にいるようしたこの女のせいだ」とエバに転嫁し，しかも，そもそもの責任は神にあると転嫁したアダム．人間が神との約束を破って手に入れた善悪を知る知識が，このように悪しき自己保身と責任転嫁のために使われてしまったのは皮肉なことである．改めて，上から新生した人間は，再び神の御前で問われてくる．罪を本当に自覚したとき，わたしたちの自由意志とその人の真価が，善と悪が問われてくる．

⑵約束の継承と実現

「**悪魔の業を打ち破る**」との約束は，アダムの創造からキリストの受肉に至るまで，人間の歴史を貫く神の約束である．そして，この約束はイエス・キリストにおいて成就したのである．主イエスは「わたしは既に世に勝っている」（ヨハネによる福音書16章33節）と宣言する．そして，使徒も「わたしたちは，わたしたちを愛してくださる方によって，輝かしい勝利を収めています」（ローマの信徒への手紙8章37節）と宣言する．イエス・キリストは，わたしたちを神から引き裂く罪の力を打ち破り，「**悪魔の業を打ち破る**」勝利者である．

神の約束は，信仰深い人たちによって絶えず継承されて，こうして21世紀の時代まで継承されてきた．信仰者には次世代，次の時代へと神の約束を絶えることなく引き継ぐ使命がある．断絶をもたらす悪の力が，これまでも，これからも，教会の信仰を脅かし続けるであろう．しかし，神の約束それ自体が悪の力に対する勝利を宣言する．信仰者はこの神の約束に訴えて，この神の約束に委ねつつ，神の約束を次世代へ，22世紀の時代へと受け継いでいかなければならない．

⑶喜びの根拠

神の約束は，アダムから主イエスの受肉に至るまで，歴史の中を絶えることなく継承されてきた．約束を信じて受け継いだ人々は皆，約束の成就に希望を託して，喜びにあふれたのである．ここでの「**キリスト・イエスの喜ばしき日**」が降誕の日（クリスマス）とも，復活の日（イースター）とも，また再臨の日とも解釈できるが，いずれにせよ，信仰における喜びの根拠は「キリスト・イエス」にほかならない．信仰者に求められるのは，「わたしたちをいつもキリストの勝利の行進に連ならせ」てくださる（コリントの信徒への手紙二2章14節），勝利者キリストを望み見つつ，喜んで歩み続ける信仰である．

第5条　教会の存続，成長，保持

わたしたちは，最も確実なこととして，次のことを信じます．神は，アダムの時からキリスト・イエスが肉において来られるまでのあらゆる時代において，御自身の教会を，保持し，導き，増し加え，誉れを与え，死からいのちへと呼び出された，と．なぜなら，神はアブラハムを父祖の国から召し出し，彼を導き，そして彼の子孫を増し加えるなど，神は驚くべき仕方で彼を保護し，しかも，さらに驚くべき仕方でその子孫をファラオの隷従と暴政から救い出したからです．彼らに対し，神は御自身の諸々の律法や規則，そして儀式を与え，さらに，カナンの地を与えました．神が彼らに士師たちを与えた後，さらにサウルの後に，神は王となるダビデを与え，そして，神は彼に，その子孫から生まれ出る者が永遠にその王座に着くとの約束を与えました．神はまた，この民が偶像崇拝に陥るたびに，彼らを神の正しい道に立ち帰らせるために，預言者たちを遣わされました．にもかかわらず，彼らは頑なに神の義を軽んじたため，神は，かつて神がモーセの口によって警告されていたとおりに，彼らを敵の手に引き渡されました．聖都は破壊され，神殿は焼滅し，全土は七十年にわたり荒廃しました．けれども，神は憐れみによって，彼らを再びエルサレムに戻されました．彼らは都と神殿を再建し，約束に従って救い主が来られるまで，サタンのあらゆる試練と攻撃に抗って待ち続けました．

第5条は，第4条の続きとして，勝利の約束が歴史の中を絶えることなく信仰深い父祖たちによって受け継がれた理由が述べられ，そこに「教会」が果たした重要な役割が示される．ここでのポイントを次の三点，⑴「契約の民」，⑵主なる神，⑶教会の試練，に絞って確認していく．

⑴「契約の民」

通常，使徒言行録2章のペンテコステの聖霊降臨によって教会が誕生した，とわたしたちは認識しているが，この第5条は，教会は「ペンテコステの時から」ではなく「**アダムの時から**」すでに存在していたことを信じる，と告白する．第5条の本文中に「**教会**」の語は一度しか用いられていないものの，第5条の表題から「**教会**」がキーワードであるのは明白である．ここで言われる「**教会**」とは何かを考える必要がある．

教会として語られているのが，アブラハムとその子孫たちである．信仰告白は，旧約聖書に登場する，父祖アブラハムから続くイスラエルの民を「**教会**」とよぶ．両者に共通するのは，まさにアブラハムがそうであったように，行く先もわからぬままに，ただ神の約束を信頼して前進するという生き方である．また，それが教会の本質である．教会は，昔も今も「**あらゆる時代において**」，神の約束の成就に信頼と希望を託して前進する「契約の民」である．苦難や危機の中で立ちすくむのでも，うずくまるのでも，後退するのでもなく，神の約束を信頼して前進する．それが教会の真の姿である．信仰者は洗礼式において交わした誓約に則って「契約の民」の一員となり，共に神の救いの恵みにあずかる者となる．それゆえに，「**あらゆる時代**」においても，信仰者は教会とともに，神の約束を信頼し，神の摂理に委ねつつ，希望をもって前進していくのである．

⑵主なる神 ── 与える神

本文の主語と述語に着目すれば，一貫して「［主語］神は……［述語］与えた」と印象深くくり返されている．ここで語られているのも「**教会**」である．ここでは契約の民としてのイスラエルの指導者たちや後継者が言及されている．今日の文脈に置き換えて解釈すれば，教会に牧師を与え，長老を立てるのは神であり，また教会に後継者を与えるのも神である．「わたしたちが」ではなく「神が」主語となるとき，第5条の表題のとおりに，教会は存続し，成長し，保持されていく．「主なる神」は自ずと「主（語）なる神」なのであって，教会は常にその「主」を見誤ってはならないのである．

⑶教会の試練

しかし，「**神の義を軽んじ**」てしまうのも教会の現実の一面である．神の義を軽んじるとき，教会は霊的に荒廃し，存続の危機に陥り，まさに試練の時を迎える．旧約聖書では，実際に，イスラエルは滅び，神殿も崩壊したのである（歴代誌下36章19節）．しかし，神の憐れみによって教会は再建が許される．イエス・キリストの「何よりもまず，神の国と神の義を求めなさい」（マタイによる福音書6章33節）との教えは教会への言葉である．神の義を求め，神の勝利の約束を確信し，契約の民として前進することが，「**あらゆる時代**」においても変わらぬ真の「**教会**」の姿である．これが宗教改革によって再建しようとした真の教会であると言えよう．今，この試練の時代に生きる信仰者にも教会の再建が求められている．

第6条　キリスト・イエスの受肉

時は満ち，神は永遠の知恵，御自身の栄光の本質である御子をこの世に遣わしてくださいました．御子は聖霊の働きによって，処女なる女の実体から人間の本性をとられました．こうして，「ダビデの正しい子孫」，「神の大いなる計画の御使い」，「約束された救い主」はお生まれになりました．わたしたちは，彼をインマヌエル，すなわち，神と人間という二つの完全な本性が一つの人格において合一し，結合した，真の神であり，かつ真の人間であることを認め，告白します．わたしたちのこの告白によって，アレイオス，マルキオン，エウテュケス，ネストリオスなど，憎むべき有害な異端者たちを断罪し，また同様に，御子の神性の永遠性や，御子の人性の真理を否定したり，それら両性を混同したり分離したりする者たちを断罪します．

第4条，第5条では，キリストが肉において地上に来られるまで，神は絶えず「契約の民」（教会）を守り導いてくださっていた，との信仰が表明されていた．その流れから，第6条では，キリストの到来，すなわち「受肉」について述べられている．ここでのポイントを次の三点，⑴神の栄光の実体，⑵人間の本性，⑶真の神，かつ真の人，に絞って確認していく．

⑴神の栄光の実体

イエス・キリストとは何者か．このことをめぐり，教会は古代から侃々諤々の議論を重ねてきた．それが「キリスト論論争」とよばれ，ニカイア信条（381年）やカルケドン信条（451年）は，こうした論争による分裂・対立を収束させるべく制定された，重要な「基本信条」である．

スコットランド信仰告白では，神はこの世に「**神の永遠の知恵**」，また「**神御自身の栄光の本質**」である「**御子**」を遣わされたと述べている．イエス・キリストは神の御子であって，この御子において，御子をとおして，神の永遠の知恵が啓示され，そして，御子はその本質において神ご自身の栄光そのものであると宣明する．スコットランド信仰告白のキリスト告白は他の諸信仰告白と比較すると，かなり簡潔である．また，御子において，また御子と共に，神がこの世にご自身の永遠の知恵を遣わしたという表現は，他の信仰告白にはみられない特徴である．

⑵人間の本性

クリスマスを迎えるたびにくり返し思い起こされる出来事の一つがマリアの処女降誕である．神の栄光の実体である御子が，聖霊の力により，人間の胎に宿ったこの出来事は，神学的に「受肉」とよばれている．神の栄光の実体である御子がその本性において人間としての実体を具えた「真の人」となり，この世に生まれたのである．「契約の民」（教会）を導いてこられた神は，これまでとは全く異なる新しいしかたで民を導くことをお選びになられたのである．それは，神ご自身がその民の一員になり，民がこれまで自力ではどうしても善処できなかったことを，その民に代わり，民を代表して行うという全く斬新な方法であった．計りしれない神の「**永遠の知恵**」が，まさにここに示されている．そのようにして克服されたのが，第3条で述べられた「罪」である．「神は，その独り子をお与えになったほどに，世を愛された．独り子を信じる者が一人も滅びないで，永遠の命を得るためである」（ヨハネによる福音書3章16節）．御子の受肉は御子の十字架による贖罪へ，復活による永遠の命へと一直線につながる出来事である．

(3)真の神，真の人

罪は人間が抱える最も深刻な問題であり，しかも，人間が自力で克服できる問題ではない．それを克服できるのは神である．それでも，人間の問題である以上，やはり人間がどうしても克服しなければならないのである．御子の受肉はまさにこのジレンマを克服する出来事であった．御子は「真の神」であることを捨てて「真の人」として生まれたのではなく，その本性においては真の神のまま，その本性において真の人となられたのである．

カルケドン信条以来，正統的なキリスト教会はイエス・キリストが「**真の神，かつ真の人**」であると告白してきた．スコットランド信仰告白もその伝統を明確に継承する．神は救いの約束を成就するために，神の栄光の実体にして本性において神である御子を，受肉をとおして，この世に人間として遣わされた．受肉における神性と人性の結合は，神の知恵，また秘義であり，人間の救いの成就に必要不可欠な出来事である．

第7条　仲介者は，なぜ真の神であり，かつ真の人でなければならないのか

キリスト・イエスにおける神性と人性との間のこの驚くべき合一は，神の永遠不変の定めに由来し，わたしたちの救いのすべては，そこから発生し，そこに依存していることを，わたしたちは認め，告白します．

第6条で「キリスト・イエスの受肉」について述べた後，第7条では，その受肉の理由と由来が述べられる．ここでのポイントを次の三点，(1)最短，(2)仲介者，(3)神の永遠不変の定め，に絞って確認していく．

⑴最短

これが第7条の全文である．スコットランド信仰告白は全25箇条から成るが，第7条の特徴としてすぐに気づくのは，表題が全体で二番めに長いのに対し，その本文が非常に短く，一文だけで終わってしまう点である．第6条の内容と緊密に連続しているため，第6条にこの一文を含めてもよさそうなものであるが，この一文を第6条から切り分け，第7条として独立させている．バルトはこの第7条を，第6条とではなく，次の第8条「選び」と結びつける[44]．この第7条は，「受肉」（第6条）と「選び」（第8条）という二つの重要なテーマを仲介する架け橋の役割を担っている．第7条としてこの一文だけを敢えて独立させたところに，信仰告白の起草者たちの意図を汲み取るべきであろう．

⑵仲介者

まず表題に着目すると，「**仲介者は……**」との主語で始まる．この「仲介者」の文言は第7条の本文中にはないが，第6条からの一連の流れから，それがイエス･キリストをさすのは明白である．第6条で言及したとおり，「キリストは何者か？」をめぐる議論を「キリスト論」とよぶが，この信仰告白はキリストが「仲介者」であることを，本文中で論じるのではなく，条項の表題において印象的に宣言する．

20世紀スコットランドを代表する神学者の一人であるトーマス･F. トーランスはスコットランド宗教改革の神学にはおもに二つの特徴があると述べ，その一つが神と人とをとりなす「仲介者」としてのキリストを強調す

44）カール･バルト，前掲書，78−79頁参照．第七講「神の決断と人間の選び」は，第7条と第8条を組み合わせて構成されている．この中で，バルトは次のように述べている．「スコットランド信条の執筆者たちは，第七条と第八条の内容を今述べたように配列することによって，われわれに次のような理由のあることを明らかに示す．すなわち，いわゆる予定説とよばれる事柄の全脈略はキリスト論をとおして解明されるものであり，逆にまた，キリスト論は予定説を通して解明されねばならないということである」（79頁）と．このように第7条は第8条と結びつけることに真の意義があることを，バルトは指摘する．

る点にあると指摘する[45]．彼はさらに，「ノックスの信仰の核心，そして語るメッセージの核心は，仲介者イエス・キリストの教理の中に見出される[46]」と述べ，「仲介者」としてのキリスト論こそ，改革者ノックスの信仰を理解する重要な手がかりであることも重ねて指摘している．日本では，2011年に彼の『キリストの仲保』（原題：*The Mediation of Christ*, 1984，キリスト新聞社刊）が邦訳刊行されており，スコットランドでは，神と人とをとりなす仲介者としてのキリスト論は，ノックス以来の伝統となっている．

(3)神の永遠不変の定め

キリストが「**真の神であり，かつ真の人**」でなければならない理由は，「真の神，かつ真の人」であればこそ，神と人との間をとりなす真の「仲介者」になれるからである．このことが「**神性と人性との間のこの驚くべき合一**」と表現される理由である．そして，これは「**神の永遠不変の定め**」によるものであり，人間には全くの秘義であり，神の奥義である．この「神の定め」は，別訳では「神の決意」（「神認識と神奉仕」宍戸訳），「神の意思」（「一麦版，宮庄訳」）とも訳されている．

日本人の宗教行為の傾向としては，まず人間の側に「願い事（合格祈願，縁結び，等々）」があり，それらにふさわしい御利益を与える神仏が祭られている神社・仏閣等に参拝するのが一般的と言えよう．この場合，「八百万の神」の中から，どの神を拝み，お参りするのかを選択し，決定するのは，祈り願い，拝む側である人間となる．他方，キリスト教の場合，祈り願う人間の側にではなく，神の側に一切の主導権を認める点が特徴的である．徹底して，神の意思や決意，計画や定めがわたしたち人間の思いや願望に先行する．イエスが「あなたがたの父は，願う前から，あなたがたに必要なものを御存じなのだ」（マタイによる福音書6：8）と言われたことを思い

45)　Thomas F. Torrance, ‘From John Knox to John McLeod Campbell: A Reading of Scottish Theology’, *Disruption to Diversity: Edinburgh Divinity 1846-1996* (ed., David F. Wright and Gary D. Badcock), Edinburgh: T&T Clark, 1996, 2.

46)　Ibid.

起こす必要があるだろう．

そもそもこの世界と人間の創造も，人間が創造される以前の，人間に先行する創造者なる神の定めによるものである．また，罪人の救いも，救われたいと願う人間の願望ゆえに取り組んだ功徳や功績によるものではなく，人間に先行する神の選びによるものである．ルター的に言えば，救いは「信仰による」となるが，カルヴァン的には，それは「神の選び（御心，定め，意思）による」と言えよう．受肉による神性と人性の合一は，罪によって分断された神と人間とをキリストにおいて再び一つに結び合わせることを選ばれた神の意思によるものである．

第8条 選び

先に述べた永遠の神，御父は，世界の基礎が据えられる前から，ただ恵みによって，御子キリスト・イエスにおいて，わたしたちをお選びくださり，そして，彼をわたしたちの頭，わたしたちの兄弟，わたしたちの牧者，そして，わたしたちの魂の大祭司に任命されました．しかし，神の義とわたしたちの罪との間の対立ははなはだしく，肉なる者は誰一人として自力で神に到達することはできず，また許されることではなかったからこそ，神の御子がわたしたちのもとに降りて来られ，自らをわたしたちの体の体，わたしたちの肉の肉，わたしたちの骨の骨となり，そうして，神と人間との間の仲介者となり，神は，御子を信じる多くの者たちに，神の子となる力を与えられました．それは，御子自身が「わたしの父であり，あなたがたの父である方，またわたしの神であり，あなたがたの神である方のところへわたしは上る」と言われているとおりです．これにより，アダムによってわたしたちが失っていた最も聖なる兄弟の交わりは，わたしたちに再び取り戻されました．ですから，わたしたちは何も恐れることなく，神をわたしたちの父と呼ぶことができます．それは，神がわたしたちを創造されたという理由以上に，神がその独り子を，わたしたちの兄弟として与えてくださり，そしてすでに述べたように，わたしたちの唯一の仲介者として彼を認め，受け入れるための恵みを与えてくださったという理由によります．しかも，救い主であり，かつ罪の贖い主が，真の神にして真の人間となられる必要があったのは，わたしたちの罪過が受けるべき懲罰を主が引き受け，わたしたちの代わりに御父の審判の前に自ら出頭し，わたしたちに代わって罪過と不従順のゆえの苦しみを受け，死によって死の創始者に勝利することがおできになられたからです．しかし，神性だけでは死を引き受けることはなく，また，人性だけでは死を克服することができないため，その両性は主において一つの人格に結合されねばなりませんでした．つまり，人性の弱さは，わたしたちが受けるべき死を引き受け，死に服さなければならず，他方で，完全無敵な神性の力は死に勝利し，わたしたちのために命と自由，そして永遠の勝利を勝ち取ってくださいます．そのようにわたしたちは告白し，なんら疑いなく確信します．

「選び」をめぐる改革派教会の捉え方は，教会史の中でしばしば争点になってきた．後に，スコットランド信仰告白に代わって教会の信仰規準となるウェストミンスター信仰告白（1647年）をめぐる「予定論」は，採択後からさまざまに解釈され，誤解を惹き起こし，教会を分裂する火種にもなってきた．スコットランド信仰告白は，予定論を含むこの「選び」の問題をどのように記しているのか．ここでのポイントを次の三点，(1)キリストにおける選び，(2)仲介者，(3)わたしたちの代わり，に絞って確認していく．

(1)キリストにおける選び

「選び」は人性におけるイエス・キリストの誕生（第6条）と死（第9条）の間に配置されている．この位置づけについて，バルトは「いわゆる予定説とよばれる事柄の全脈絡はキリスト論を通して解明されるものであり，逆にまた，キリスト論は予定説を通して解明されねばならない」と解説する[47]．すなわち，キリストを抜きに「選び（予定）」はなく，選びとは「キ

47）　カール・バルト，前掲書，79頁より引用．

リストの選び，キリストによる選び，キリストにおける選び」なのである．神がわたしたちを選ばれるのは，キリストにおいてである．キリストと「選び」（予定）を密接に関連付けている点は，スコットランド信仰告白の明確な特徴である．

⑵仲介者

先の第 7 条で言及したように，スコットランド神学の特徴の一つが「仲介者」としてのキリスト論である．受肉し，人間としての本性を自らにお引き受けになった神の独り子イエス・キリストは，自らをその本性において人間にまでへりくだることで，逆説的に，人間を自らと同等にまで引き上げる働きを担われるのである．それによって，人間は「罪人」から引き上げられ，神を「父よ」と呼ぶことのできる「神の子」になる資格が与えられるのである．今日，信仰者たちが神を「父よ」と呼べるのは，仲介者であるキリストの選びとしての恵みによるものである．

⑶わたしたちの代わり

11 世紀末にイングランドのアンセルムスが『クール・デウス・ホモ』（ラテン語）という書物を記した．日本語に訳すと「なぜ神は人間になられたのか」である．なぜなのか．いくつかの答え方が想定されるが，この信仰告白が示すのは「受苦代理説」である．「受苦代理説」とはつまり，本来わたしたちが受けるべきはずの裁きと死を，わたしたちの代表として，「**わたしたちの代わり**」に負うために，キリストは受肉し，真の人間になられた，ということである．罪人の身代わりになることをキリストが選ばれたのであり，それが御子イエス・キリストにおける神ご自身の選びなのである．これは人間にとってはまったくの想定外の選択肢としか言いようのないことである．

この選びを思うとき，自らが被る受難を前にして「父よ，できることなら，この杯をわたしから過ぎ去らせてください．しかし，わたしの願いどおりではなく，御心のままに」（マタイによる福音書 26 章 39 節）と，ゲツセマネで祈る主イエスの場面が想起される．わたしたちの代わりになるというのは，決して簡単な選びではなかったのである．それにもかかわらず，神はキリストにおいて，身代わりとなって罪人を救うことを選ばれたのである．それほどまでの，人間に対する神の恵みと憐れみが，神の愛が，それを選ばせたと言えよう．「父」に代表される両親がわが子に注ぐ愛がこのような形となって表れている．人間に対するこれほどまでの神の愛．バルトがこの信仰告白から受け取った慰めはここにもあると言えよう．

第9条　キリストの死，受難，そして葬り

わたしたちの主イエスが自ら率先してわたしたちのためのいけにえとして自らをご自身の父に献げたこと，主が罪人たちからの侮辱に耐え忍ばれたこと，主がわたしたちの罪過のゆえに傷つき苦しまれたこと，清く罪なき神の小羊である主がこの世の審きの場で断罪されたこと，わたしたちの神の裁き座の前でわたしたちが罪赦されること，そして，主は，神の裁きによる責め苦である残酷な十字架の死を苦しまれただけでなく，罪人たちがすでに受けた御父の激怒をも苦しまれたこと，しかし，主は，ご自分の民に十分な贖罪（アトンメント）をなすため，身体と魂において被った痛みと苦しみのただ中においても，御父に十分に愛され，祝福された神の独り子であり続けたこと，このことから，主の他に罪のためのいけにえは存在しないことを，わたしたちは告白し，主張します．もし他に存在すると主張する者がいれば，その者はキリストの死に対し，また，その死によって獲得された永遠の贖罪（アトンメント）に対する冒瀆者である，とわたしたちは躊躇せず断言します．

先の第8条で，キリストと「選び」が密接に関連付けられている点を確認したが，それとの連続性を強く意識しているためか，ここでは，その「選び」により，主イエスが「**自ら率先してわたしたちのためのいけにえ**」となられたこと，またその結果，十字架上で死なれたことが明示される．

第 9 条の表題を確認すると，キリストの「死 → 受難 → 葬り」の順序で記されているのがわかる．使徒信条では「受難 → 死 → 葬り」の順序である．スコットランド信仰告白ではなぜ「受難」の前に「死」が位置づけられているのだろうか．その疑問点も踏まえながら考えてみたい．ここでのポイントを次の三点，⑴罪のためのいけにえ，⑵キリストの受難，⑶贖罪（アトンメント），に絞って確認していく．

⑴罪のためのいけにえ

この条項で構造的に際立つのは，文章が「.」で区切られることなく，「～こと」という節がくり返され，つなげられている点である．その数々の節の最初と最後に登場する言葉が「**いけにえ**」である．それは偶然そうなったのか，それとも意図されたものなのかは不確定であるが，いずれにせよこのようにくり返されていることから，この条項での重要語であることは間違いないだろう．

「**いけにえ**」は旧約聖書では，人間から神への代表的な献げものであった．目的によって使用される動物やささげ方が異なるが，自ら所有する家畜を殺してささげることは一貫していた．創世記には，アブラハムに愛するわが子のイサクをいけにえとして献げよと神が命じる場面がある（創世記 22 章）．父アブラハムは愛する我が子イサクを献げようとしたものの，神はアブラハムの本気を知り，わが子に手をかける直前の彼のもとに天使を遣わし，結果的にアブラハムはイサクを殺さずに済んだのであった．この重要なエピソードの伏線は，旧約聖書のイスラエルの歴史を貫いて，ついに新約聖書において回収されることになる．つまり，今度は父なる神が愛する我が子イエスを，本気で，罪のためのいけにえとして献げたのである．それを神ご自身がお選びになったのは「神は，その独り子をお与えになったほどに，世を愛された．独り子を信じる者が一人も滅びないで，永遠の命を得るため」（ヨハネによる福音書 3 章 16 節）であった．

主イエスは人間の代わりに，また人間の代表として，人間に対する神の裁きを受けられた．十字架上の死というその犠牲によって，わたしたちは罪赦され，救われて，永遠の命にあずかるのである．赦しも救いも永遠の命も，人間の側の功徳や善行によって獲得される褒美ではない．いけにえとして自ら犠牲になることをも厭わず，そうお選びになる主イエスによって，信仰者に与えられる賜物である．

⑵キリストの受難

真の人として自ら人性を取られた主イエスは，まさにその人性ゆえに，真に十字架の上で死なれたのである．冒頭で表題が「死→受難→葬り」の順で記されている点を指摘したが，これは「時系列順」ではなく，主イエスの死が，まずもって真実の死であることを示すとともに，その死がどのような死であったのかを後から詳述する，という論じ方によるものと思われる．なお，表題には「葬り」が含まれているが，実際の第9条の本文のどこにも葬りへの言及はなく，もっぱら「死と苦しみ」に集中している．

主イエスの死は，祭司長たちや律法学者たちやポイティオ・ピラトといった人間の手によるものである以上に，罪深い人間に対する徹底した「**神の裁きによる責め苦**」であり，しかも「**御父の激怒**」を伴う，永遠に亘る非常に厳しい裁きであった．主イエスが被った死はこれまで誰も経験したことのない激烈な苦しみを伴ったのである．

⑶贖罪（アトンメント）

主イエスの死も，自らに引き受けられた激烈な苦しみも，明確な目的があってのものだった．それは「**ご自分の民に十分な贖罪をなすため**」である．まさにそのための，死であり苦しみであった．「贖罪」の原文の英語は「アトンメント（atonement）」である．この語は神と人間との関係性において，両者が「一つになること（at-one-ment）」を意味する．

主イエスは「**御父に愛され，祝福された神の独り子**」である．その独り子が人間の身代わりとなり，人間の罪を負ってくださいました．そして，罪との交換で，その独り子が受けるべき愛と祝福を人間が代わって享受することになる．こうして，主イエスの十字架はわたしたちに「幸いな交換」をもたらすのである．つまり，わたしたちの罪と主イエスの義が交換され，わたしたちの罪が主イエスの罪となり，主イエスの義がわたしたちの義となる．こうして，義とされた人間との間に神との和解と一致（一つになること）がもたらされることになる．それが救いであり，信仰者が享受する真の慰めである．

第10条 復活

死の悲しみが命の創始者を抑え込むことなどできないのですから，十字架につけられ，死んで葬られ，陰府に降られたわたしたちの主イエスは，わたしたちを義とするために甦られこと，死の創始者を打ち倒し，死とその縄目に捕えられていたわたしたちに再び命を与えてくださったことを，わたしたちは何ら疑いなく信じます．主の復活は主の敵対者たちによる証言によって，また，死者の復活によって，すなわち，葬られた墓が開いて死者たちが甦り，エルサレムの都に住む多くの人たちの前に現れたことによって確証されたことを，わたしたちは承知します．またさらに，御使いの証言によって，また，主の復活の後に，主と話をし，共に飲食した使徒たちやその他の人たちの数々の認識や判断からも確証されました．

第10条はイエス・キリストの復活の確証に集中している．第1条では，「天と地にあるもの，見えるものも見えないものもすべて」というニカイア（・コンスタンティノポリス）信条のはじめの言葉が使用されている点を指摘したが，ここで「十字架につけられ，死んで葬られ，陰府に降られ」と，使徒信条の表現がそのまま順序どおりに使用されている点からも，スコットランド信仰告白が明らかに古代の基本信条を意識していることの証左であると言えよう．

ここでのポイントを次の三点，⑴わたしたちを義とするため，⑵勝利としての復活，⑶復活の確証，に絞って確認していく．

⑴わたしたちを義とするため

まず，主イエスの復活が「**わたしたちを義とするため**」である点が告白される．これはパウロが「イエスは，わたしたちの罪のために死に渡され，わたしたちが義とされるために復活させられたのです．」（ローマの信徒への手紙4章25節）と述べた時の要点である．復活は主イエスご自身のためである以上に，罪人であるわたしたちを義とするためである，と告白する．

ルターに代表されるのが「信仰による義（信仰義認）」であるなら，ここでは「復活による義」と言い表せるのではなかろうか．復活と義認とをこれほど直接的に結びつける信仰告白は，スコットランド信仰告白以外にはないであろう．確かに「復活による義」という表現は聞いたこともないが，パウロの「キリストが復活しなかったのなら，わたしたちの宣教は無駄であるし，あなたがたの信仰も無駄です．……キリストが復活しなかったのなら，あなたがたの信仰はむなしく，あなたがたは今もなお罪の中にあることになります」（コリントの信徒への手紙一15章13−17節）の言葉からも，主イエスの復活こそ「信仰による義」を支える決定的な出来事であることは思い起こされるべきである．なぜなら，主イエスは「**わたしたちを義とするために甦られた**」からである．

⑵勝利としての復活

第4条の「約束の啓示」の講解では，「悪魔の業に対する勝利の約束」をポイントの一つに挙げた．そして，この第10条では，復活が「**死の創始者**」に対する「勝利」として位置づけられている．「命の創始者（＝神）」と対になっているため，「**死の創始者**」とは，さまざまに姿を変えて人間に忍び寄り，罪に誘う悪（＝サタン）をさすと言えよう．悪は蛇の姿でエバに忍び寄り，結果，神との約束を破る罪（原罪）が生じ，それ以来，人間は死の縄目の虜になったのである．しかし，キリストの「復活による義」という決定的な勝利はわたしたちを罪と死の縄目から解き放つ．「復活による義」によって，人間は最初にエデンの園で享受していた神と共に生きる永遠の命を再び与えられるのである．

⑶復活の確証

初代教会の時代から今日に至る約二千年の歴史の中で，復活の歴史的事実性をめぐる議論が数々生じてきた.「復活などない」（コリントの信徒への手紙一 15 章 12 節）との声は，今日のキリスト教会の中でも聞かれるのかもしれない. しかし，この信仰告白をとおして，ノックスらは，聖書に記される復活の証言を，使徒たちの創作話などではなく，確かな「確証」として堅く信じる信仰を表明する. それはまさに「キリストが復活しなかったなら，わたしたちの宣教は無駄であるし，あなたがたの信仰も無駄です」（同 15 章 14 節），「キリストが復活しなかったのなら，あなたがたの信仰はむなしく，あなたがたは今もなお罪の中にあることになります」（同 15 章 17 節）とパウロが語るように，復活はキリスト教の信仰の土台である. 聖書をとおして，聖霊の働きによって，信仰において，信仰者はその確証を信じるのである.

第 11 条　昇天

わたしたちは，処女より生まれ，十字架につけられ，死なれ，葬られ，そして，よみがえられたその主の体が，すべてのことを成就するために，天に昇られたことを堅く信じます. そこでは，わたしたちの名において，またわたしたちの慰めのために，主は天と地のあらゆる権能を授かり，そして，わたしたちの弁護者，唯一の仲介者を引き受け，その御国を受け継いで，御父の右に座しておられます. その栄光と誉れと特権は，主がすべての敵をその足台とする時まで，兄弟たちの間で，ただ主にのみ属します. なぜなら，彼ら（敵）は必ずや最後の審判に服すと確信するからです. また，わたしたちは，その主イエスが最後の審判のために，天に昇られた時と同じく，見える姿で再び来られる，と確信します. そのとき，すべてのものが新たにされ，回復される時が到来し，それにより，はじめの時から，義のために暴虐，辱め，そして不正を被った人たちが，はじめの時から彼らに約束されていた不死の祝福を受け継ぐことになる，とわたしたちは確信します．しかし，他方で，頑迷な者たち，不従順な者たち，残忍な為政者たち，汚らわしい者たち，偶像崇拝者たち，そして，あらゆる不信仰な者たちは，うじ虫が死に絶えることもなく，業火が消えることもない，完全に暗黒な地下牢に投獄されるでしょう．その日を覚え，またその日執行される審判を覚えることは，わたしたちの肉的な欲望がそれによって制御される手綱となるだけでなく，この世の王子たちの脅威も，現下の危機の恐れも，この世の死の恐れも，わたしたちの頭であり唯一の仲介者，キリスト・イエスとその肢体であるわたしたちが持つあの祝福された交わりを，わたしたちに断念させることも，放棄させることもできない，計り知れないほどの大きな慰めとなります．このお方を，約束されたメシア，教会の唯一の頭，わたしたちの正しい律法の付与者，唯ひとりの大祭司，助け主，仲介者である，とわたしたちは告白し，言明します．人であれ天使であれ，もしこのお方の栄光と職務を侵害する者があれば，わたしたちの贖い主であり，また至高の統治者であるイエス・キリストの冒瀆者として，わたしたちは徹底してその者たちを憎み，嫌悪します．

第6条「受肉」から続くイエス・キリストをめぐる告白が，この第11条で締め括られる．表題は「昇天」だが，内容は「最後の審判」のための「再臨」についても詳述され，さらに，主イエスが弟子たちに「わたしを何者だと言うのか」（マタイによる福音書16章15節）と尋ねられた問いに答えるかのように，キリスト告白で閉じられるところは，最後を締め括るにふさわしいと言えよう．ここでのポイントを次の三点，⑴昇天，⑵最後の審判，⑶メシア告白，に絞って確認していく．

⑴昇天

イエス・キリストの十字架と復活に代表される神の救済の御業については，説教をとおして実際に聞く機会は多いものと推察される．それに比べて，イエス・キリストの「昇天」が強調され，その意味が指摘される機会は少ないのではないだろうか．

「真の人」となるためにこの地上に受肉した「真の神」が，人間であることを捨てて天に帰るのではなく，「真の神，かつ真の人」として天に昇られるのである．そして，神の右に座して「**すべてのことを成就するために**」，イエスは昇天した．十字架と復活におけるイエス・キリストの救済がイスラエルでの約二千年前の過去の出来事ではなく，今日を生きる日本人の信仰者にも適用するのは，ひとえに「昇天」によるものと言えるだろう．なぜなら，昇天されて神の右に座すキリストによって，天の国における神の永遠の救済を，有限なこの時空間の世界を生きる信仰者にも適用してくださるからである．

(2)最後の審判

使徒信条の告白と同様に，キリスト論の締め括りにキリストの再臨の信仰が表明されている．主の再臨の時は，最後の審判の時である．この信仰告白は，最後の審判のために主が再び来られることを覚える意義として次の二点を示す．まず，肉の欲に溺れて主の目に悪とされることを行うのを抑制すること，そしてもう一つは，本当に畏れるべきお方を知ることによって，この地上で畏れなくてもよいものから解放されることである．最後の審判はおぞましい恐怖に満ちた「破滅の時」ではなく，裁き主でありながら，同時に，信仰者たちの弁護者として審判に臨んでくださるイエス・キリストの救いが完成する時である．したがって，信仰告白が記すように「**計り知れないほどの大きな慰め**」が信仰者たちにもたらされる，恵みと歓喜の時でもある．

(3)メシア告白

主イエスは弟子たちに「あなたがたはわたしを何者だと言うのか」とお尋ねになられた．その問いに，ペトロは「あなたはメシア，生ける神の子です」と答えたのであった（同 16 節）．その「**メシア**（救い主），神の子」に加え，この信仰告白では五つの表現で，主イエスへの告白がつぎのように列挙される．「**教会の唯一の頭**」「**正しい律法の付与者**」「**唯ひとりの大祭司**」「**助け主**」「**仲介者**」であると．

主イエスが弟子たちに尋ねたのは世間一般の評価ではなく，「あなたがた自身」の実存にほかならない．このわたしにとって，自分の人生にとって，イエス・キリストは何者か．これは，祈りのたびに，礼拝のたびに，神と向き合うたびに，実は主から問われていることであろう．「あなたがたはわたしを何者だと言うのか」．主からのこの問いかけに，信仰者はいつでもどのような状況下でも，はっきりと答えられるだろうか．信仰者は常にその問いに答える心づもりをしておくべきである．

第 12 条　聖霊を信じる信仰

わたしたちの信仰とその確証は，血と肉から，すなわち，わたしたちの内なる生来的な能力から発生するものではなく，聖霊の注ぎによるものです．このお方を，わたしたちは御父と御子と等しい神であり，このお方がわたしたちを聖化し，この方自身の働きによって，あらゆる真理へとわたしたちを導いてくださり，このお方がいてくださらなければ，わたしたちは永遠に神の敵であり続け，御子キリスト・イエスを知ることはできない，と告白します．なぜなら，生来のままでは，わたしたちはあまりにも鈍感で，無分別で，また強情であるため，もし主イエスの霊が，死んでいる者を生き返らせ，わたしたちの心から闇を取り除き，このお方の意思への服従へと，わたしたちの頑迷な心を打ち砕いてくださらなければ，刺されてもわたしたちは何も感じることができず，光が輝いてもそれを見ることができず，神の意思が啓示されてもそれに同意することができないからです．ですから，わたしたちが存在しなかった時に，父なる神がわたしたちを創造してくださったこと，わたしたちが敵であった時に，このお方の御子，わたしたちの主イエスがわたしたちを贖ってくださったことを，わたしたちは告白するのです．またさらには，わたしたちが新生する前であれ後であれ，わたしたちがもたらすいかなる功績も考慮することなく，聖霊はわたしたちをきよめ，再生してくださる，と告白します．これをさらにはっき

り言えば，わたしたち自身の創造と贖いについて，わたしたちはどんな栄誉も栄光も喜んで放棄するのですから，わたしたちの再生と聖化についても，わたしたちは喜んでそうします．なぜなら，わたしたちは自力では一つの善い考えすら思い抱くことができず，むしろ，わたしたちの内で働いてくださる聖霊だけがわたしたちをそこに留めて，わたしたちには不相応な神御自身の恵みの讃美と栄光に至らせるからです．

第6条「受肉」から第11条「昇天」までの「キリスト論」に続くのが本条からの「聖霊論」である．ここでのポイントを次の三点，(1)信仰の確証，(2)再生と聖化，(3)わたしたちの内で働く聖霊，に絞って確認していく．

(1)信仰の確証

信仰者たちがもつ信仰の確かさを保証するものは，悲しいことに，わたしたち自身の内には何一つない．どんなに信仰歴が長い人も，三代・四代とキリスト者の家系が続く家柄の人でも，教会の礼拝への出席頻度が高い人も，それらが信仰の確かさを保証するわけではない．信仰の確かさを保証する唯一の根拠は，人間の側にではなく神の側に，すなわち，聖霊にあることが最初に提示される．ここでの「**聖霊の注ぎ**」とは抽象的な表現であるが，聖霊の「インスピレーション（inspiration）」の訳語として用いられてきた．「霊感」とも訳されるが，「幽霊を感じ取れる感性」を示す用語として広く通俗的に用いられているため，そちらに思考が引っ張られてしまいかねないため，「注ぎ」と訳した．「インスピレーション」の語はもともと「中に（イン）」＋「吹き込む（スパイアー）」＋「状態（エイション）」から成る複合語であり，聖書で「命の息」や「風」と表現される聖霊が，人間の内側に注がれ，吹き込まれている状態を示すものだ．信仰の確かさは，その人の内に聖霊が注がれているのかどうかにかかっている．

そして，この聖霊が「**御父と御子と等しい神**」（三位一体なる神）であることが示されると，さらに「このお方」と言葉を重ねて，人間との関わりにおける聖霊のつとめが例示される．それらは「聖化」「真理への導き」「キリストを知る唯一の原因」である．「**このお方**（聖霊）**がいてくださらな**

ければ」，誰ひとり信仰をもつ（信仰に生きる）ことはできない．聖霊こそ，わたしたちの信仰を保証する唯一の根拠である．

⑵再生と聖化

聖霊は，人間がこの世界で行ったどんな善行も功績も考慮することなく，一方的な恩寵としてわたしたちをきよめて再生してくださる．この確信の表明は，他の宗教改革者たちと同様に，当時のローマ・カトリック教会の「行為義認」の教えに対する明確な「否！」となる．人間は自力で自らを罪からきよめ，自力で自らを再生させることはできず，自らの行為でそれを左右させることもできない．人が新しく生まれ変われるかどうかは，人間の決意や熱心さ，苦行や修行に依拠するものではなく，人間の思いを遥かに超えた神の側にある．信仰による人間の再生と聖化は，聖霊の力と働きにかかっている．

⑶わたしたちの内で働く聖霊

わたしたち一人ひとりの「いのち」が，今わたしたちの内で働き続けているように，「いのちを与える聖霊」（ニカイア信条）は，わたしたちの内で働く神である．聖霊（ホーリー・スピリット）は，人体の「生命」に係わるだけではなく，心や理性等，人間の内なる「精神（スピリット）」にも係わる神である．人の心に芽生える善い思いや優しさやいたわりも，人の内で聖霊が生きて働いている証左である．聖霊がわたしたちの内で働いて，わたしたちを神の恵みと讃美と栄光へと導いてくださる．そうであるなら，いや，そうだからこそ，ますます信仰者たちは聖霊の内なる働きを熱心に祈り願うべきである．

第13条　善い働きの原因

善い行いの原因はわたしたちの自由意志にではなく，むしろ，真の信仰

によって，わたしたちの心の内に宿り，そしてわたしたちが歩むよう神が備えられた行いを生じさせる，主イエスの霊にある，とわたしたちは告白します．なぜなら，わたしたちは，聖化の霊を持たない人たちの心の内にキリストが宿っていると主張することは冒瀆である，とわたしたちは声高に宣言するからです．したがって，人を殺す者たち，抑圧する者たち，残忍な迫害者たち，姦淫する者たち，不品行な者たち，偶像崇拝者たち，大酒を飲む者たち，強盗する者たち，そして不正を働く者はすべて，彼らが邪悪の中に執拗に留まり続ける限り，真の信仰を持つことも，主イエスの霊の益にあずかることもないと断言することに，わたしたちはなんら躊躇しません．なぜなら，神がお選びになった子たちが真の信仰によって授かる主イエスの霊は，どのような人でもその心を捕らえた途端にたちまちその人を再生し，新たにするので，その結果，その人はそれまで愛していたものを憎みはじめ，それまで憎んでいたものを愛しはじめるからです．こうして，神の子たちの内では霊と肉との間に絶えざる戦いが生じてきます．ところが，堕落して，自分を喜ばせ，愉悦させるものを切望する肉なる人間は，逆境の中では恨みがましく，順境の中では高慢になり，いかなる瞬間でも，神の主権を侵そうとし，また率先して侵害します．しかし，わたしたちが神の子であることをわたしたちの霊に証しする神の霊は，わたしたちがよこしまな快楽に抵抗し，腐敗した快楽を憎悪し，神の御前でこの堕落の虜からの救いを切望するようにしてくださり，最終的には，罪がわたしたちの朽ちゆく肉体を支配することがないよう，罪に勝利してくださいます．他の人たちは，神の霊を具えていないため，この葛藤を共有することはなく，むしろ，彼らは悪魔のように行動し，自分たちの堕落した本性はそそのかされているので，罪に従属し，罪に服従し，何ら後悔を感じることがありません．しかし，神の子たちは罪と戦い，自分たちが邪悪なことをするよう誘惑されているのがわかると悲しみ嘆き，もし彼らが誘惑に負けたならば，熱心で真摯な悔い改めをもって再び奮い立ちます．彼らがそうすることができるのは，自分たちの力によってではなく，主イエスの力によってであり，このお方から離れては，彼らは何もすることができません．

先の第 12 条から「聖霊論」が始まり，この第 13 条では聖霊が「主イエスの霊」として「人間の善行・悪行」の文脈でどのように働きかけてくださるのかに焦点が当てられる．ここでのポイントを次の三点，⑴善の源泉，⑵神の選び，⑶主イエスの力によって，に絞って確認していく．

⑴善の源泉

ここではまず人間による善行の原因を問うことからはじまる．善い行いをすれば神から義と認められるという当時のローマ・カトリックの「行為義認」では，善行の目的が義認となり，人は義とされるために善い業に励むことになる．しかし，そのような善行はあまりに打算的で，偽善的なものであろう．人間に善行を促すのは，目的だけではない何らかの原因がある．信仰告白はその原因を「わたしたちの自由意志」にではなく，「**主イエスの霊**」に見出している．しかしながら，この世界を見渡せば，信仰者以外にも世のため人のために善行をしている人は大勢いる．神の霊は教会の中だけでなく，教会の外でも自由に働かれることを忘れてはならない．信仰をもたない人たちにも，世界のあらゆるところで，聖霊はお働きになる．いのちを与える聖霊は，信仰の有無にかかわらず一人ひとりに生命を与えてくださっている．

さらに言えば，「善い行い」はしばしば相対化する．Ａにとって善い行いでも，Ｂにとっては悪しき行いであるという具合に，この構図はテロが頻発する今日の世界情勢の中でより鮮明となる．問われているのは，人間の物差しで測る善ではない．「**神が備えられた**」，神にとっての善，神の御心に適う善である．そのような善を人間が行えるとすれば，それは人間を率先して招き導く「**主イエスの霊**」の働き以外にはないのである．

⑵神の選び

「選び」は第 8 条の主題としてすでに取り上げられているが，「善行」の文脈でも再びポイントとなる．スコットランド信仰告白において「選び」は徹底してキリストと結びついていることはすでに確認したとおりである．主イエスの霊がわたしたちを捕らえたとき，そこに「新生」が生じ，その新生において，「**神が備えられた**」善を追求しはじめるという大逆転劇が生じるのである．「自分にとって，自分のため」という自分中心の生き方が，新生の結果「神にとって，神のため」を考えるようになり，「**それまで愛していたものを憎みはじめ，それまで憎んでいたものを愛しはじめる**」のである．この大転換は，神の選びにあずかり，「**主イエスの霊**」の働きによってもたらされるものである．

(3)主イエスの力によって

「**主イエスの霊**」によって新生した人は，悪行に心を痛め，また神に対し自らの悪行を悔い改める．それは善を求めること，しかも人間の物差しで測る善ではなく，神が備えてくださる善を求めることが神の御心であると知っているからである．サタンは「**主イエスの霊**」に捕らえられた人々を堕落させ，罪に陥れようとするため，信仰者たちはこの世で数々のさまざまな誘惑や試練に直面する．しかし，それでもわたしたちが悔い改めて祈り続け，神を礼拝し続け，信仰を保持できるのは，サタンの誘惑にすでに勝利した「**主イエスの霊**」がわたしたちを捕らえ，「**主イエスの力**」が働いていてくださるからにほかならない．信仰者たちは「**主イエスの力**」によって何度でも奮い立ち，生かされているのである．

第14条　どのような働きが，神の御前で善いと認められるか

神は人間に聖なる律法を与え，そこでは，神の神聖な主権を侵害したり，犯したりするような行いのすべてが禁じられるだけでなく，神に喜ばれる行いや，神が報いると約束しておられる行いも命じられている，とわたしたちは告白し，承認します．これらの行いには二種類あります．一方は神の栄光のために行われ，他方はわたしたちの隣人の益のために行われ，そして，どちらも啓示された神の意思をその確証とします．唯一の神をもつ

こと，このお方を礼拝し，栄光を帰すこと，わたしたちがどんな困難においてもこのお方を呼び求めること，このお方の聖なる御名をあがめること，このお方の言葉を聞き，それを信じること，このお方の聖なるサクラメントにあずかることは，第一の種類のものです．父や母，王や支配者，そして，上位の諸々の権威を敬うこと，つまり，彼らを愛すること，彼らを支えること，神の諸々の戒めに反しない限り，彼らの命令に従うこと，無実の人たちの命を救うこと，暴政を制御すること，虐げられる人たちを守ること，自分たちの体を清潔で聖く保つこと，誠実で慎ましく生活すること，すべての人に対して言葉と行いをもって公正に接すること，そして，最後に，自分たちの隣人を害そうとするいかなる欲望も抑えることは，第二の種類のものであり，これらは，神ご自身によって命じられている行いであるため，神に最も喜ばれ，受け入れられるものです．それとは正反対の行いが罪であり，わたしたちがそうすべきときに，ただ神だけを呼び求めることをしないことや，畏れをもってみ言葉を聞こうとせず，むしろ，それを冒瀆したり，軽蔑したりすること，偶像を持つことやそれを崇めること，偶像崇拝を継続したり，擁護したりすること，尊い神の御名を軽々しく思うこと，キリスト・イエスのサクラメントを汚すこと，犯すこと，また冒瀆すること，神が権威を授けた人に対しては，彼らが自らの職権の枠を超えない限りにおいて，彼らに従わないこと，あるいは抵抗すること，人を殺すこと，それを容認すること，憎しみを抱くこと，あるいは，阻止できるにもかかわらず無実の人たちの血が流されるままにすることなど，それらの罪はいつまでも神に喜ばれることはなく，神を怒らせるものです．つまり，第一と第二の種類に属する戒めが何であれ，その不履行は罪であり，それらによって，神の怒りや苛立ちが，高慢で感謝の念を失った世界に対して燃え上がる，とわたしたちは告白し，確言します．したがって，善い行いとは，信仰において行われるもの，しかも，御自身の律法において，神に喜ばれることを明示しておられる神の戒めに従ってなされる行いだけであると，わたしたちは確言します．悪い行いとは，神の戒めに明らかに反して行われるものだけでなく，信仰上の事柄や神礼拝において人間の発明や見解以外には何ら保証がないものである，とわたしたちは確言します．

神がはじめからそうしたことを斥けておられたことは，預言者イザヤの言葉やわたしたちの主，キリスト・イエスの言葉，「人間の戒めを教えとして教え，むなしくわたしをあがめている」から，わたしたちが学ぶとおりです．

先の第 13 条から，人間の善行が「聖霊論」の文脈で語られている．前回に続き本条も「人間の行為（働き）」に照明が当てられる．ここでのポイントを次の三点，⑴神の栄光のため，⑵隣人のため，⑶罪，に絞って確認していく．

⑴神の栄光のため

いのちや信仰をはじめ，神は人間にたくさんのものを与えてくださっている．神は愛する御子さえも与えてくださった．神が人間に与えてくださったものには，十戒に代表される「律法」も含まれている．十戒では「してはならない」と，禁じられた行いがくり返される．次第に，それらに関連する枝葉の禁令の解釈が膨れ上がり，律法主義へと展開していった．律法はそもそも，神が何を厭い，何を喜ばれるのか，そのご自身の御心をわたしたち人間に啓示するものである．この条文における神に喜ばれる行いとは，第一の種類として，つまり十戒の前半部に相当する「**神の栄光のため**」の行いである．具体例として，次のように列挙される．「**唯一の神をもつこと，このお方を礼拝し，栄光を帰すこと，わたしたちがどんな困難においてもこのお方を呼び求めること，このお方の聖なる御名をあがめること，このお方の言葉を聞き，それを信じること，このお方の聖なるサクラメントにあずかること**」．これらはどれも今日の礼拝に欠かせない要素である．今日におけるわたしたちの礼拝が「**神の栄光のため**」のものであり，「**神の栄光**」にふさわしいものとなっているかどうか．その点を再確認し，常に神に喜ばれる礼拝を整えていきたいものである．

⑵隣人のため

神に喜ばれる第二の種類の行いが，十戒の後半部に相当する「**隣人の益のため**」の行いである．共同体を形成し，人が共に生き，円滑に生活するうえで必要かつ最低限の戒めが示される．家族という最小の共同体を健やかに維持するために子どもたちには父母を敬うこと，社会共同体の持続のために市民には上位の権威を敬うことが命じられる．敬うとは，彼らを愛し，彼らを支えることだと論じられ，こうして敬うこと，愛すること，支えることが隣人に対するふさわしい行いとして示される．愛するとは，相手を敬い，支えることであり，支えるとは相手を愛し，敬うことである．そのようにして，共同体の中で，隣人と共に生きる中での生活の指針が提示されていく．最後の後半部だけを引用すると「**誠実で慎ましく生活すること，すべての人に対して言葉と行いをもって公正に接すること，そして最後に，自分たちの隣人を害そうとするいかなる欲望も抑えること**」と記される．この隣人愛は，モーセの時代も，イエスの時代も，そして16世紀の宗教改革の時代も，さらに21世紀の現代においても，神と隣人と共に生きる上で，時代を貫いて必要不可欠なものである．すべての信仰者がこの隣人愛に基づく行いをしているかどうか省みて，自ら襟を正したいものである．

⑶罪

ここでは,先の⑴とは逆のポイントが強調される．神の喜びの反対は「**神の怒り**」である．神がお怒りになるのが人間の「罪」である．「してはならない」という律法の禁止命令は，もしそれをすると神がお怒りになる人間の行いである．それらは，神の栄光も隣人も視野に入れず，自己中心に陥った，まさに傍若無人の人間のありようである．

スコットランド信仰告白は，十戒の禁止令を基に，神の栄光を貶め，曇らせる罪の行いを列挙する．そこには，神を軽視し，神の言葉を軽蔑することや偶像崇拝などが挙げられ,さらに「サクラメント（聖礼典）」を汚し，犯し，冒瀆することについても言明される．サクラメントをめぐる理解の相違は，16世紀ではプロテスタントの各教派を超えた一致を妨げる重要な問題となったが，それはサクラメントの誤用および濫用が，神を怒らせる罪と深くかかわる問題だからである.スコットランドでは宗教改革以降,サクラメントの受領に際しては厳格な審査が行われるようになるなど，サクラメントに対して非常に高い関心を寄せる伝統が，教会の中で培われていった．

神の御目に「罪」とみなされる悪行について，信仰告白は次のようにまとめている．「**悪い行いとは，神の戒めに明らかに反して行われるものだけでなく，信仰上の事柄や神礼拝において人間の発明や見解以外には何ら保証がないものである，とわたしたちは確言します**」．信仰上の事柄に関して，人間の発明（発想）や見解（意見）が神の御心よりも優先されるようなしかたで実行されてはならない．教会に集う信仰者こそ，聖霊の導きを祈り求めつつ，神の御心と神の栄光を見失わずに物事を判断し，実行していく必要がある．

第15条　律法の完全性と人間の不完全性

神の律法は，最も公正で，公平であり，聖であり，かつ完全であり，完全に実行されるならば，いのちを与え，人を永遠の至福に導くことのできる事柄を命じている，とわたしたちは告白し，承認します．しかし，わたしたちの本性はあまりにも堕落し，弱く，不完全であるため，わたしたちは律法の業を完全には遂行することはできません．わたしたちが新しく生まれた後でも，もしわたしたちには罪がないと主張すれば，わたしたちは自らを欺き，そして，神の真理はわたしたちの内にはないでしょう．ですから，わたしたちにとっては，キリスト・イエスの義と贖罪の中で，このお方に依り頼むことが基本となります．なぜなら，このお方は律法の終わりにして完成だからであり，しかも，わたしたちがあらゆる点において律法を遂行することができないにもかかわらず，神の呪いがわたしたちに下されることがないよう，わたしたちが自由とされているのは，このお方によるからです．父なる神が，その御子キリスト・イエスの体においてわたしたちを見つめてくださるからこそ，神はわたしたちの不完全な服従を，あたかも完全であるかのように受け入れてくださり，しかも，多くのしみ

で汚れているわたしたちの働きを御子の義で覆ってくださいます．わたしたちが律法に従う必要などない程までに自由とされているのではないことは，わたしたちはすでに承知しているところです．そうではなく，ただひとりキリスト・イエス以外には，地上のいかなる人も，律法が求めている律法への服従を実行したことも，実行することも，また，これから実行しようとすることもない，とわたしたちは確言します．わたしたちがすべてのことをやり遂げたときには，わたしたちはひれ伏して，自分たちがふつつかな僕であることを心から告白しなければなりません．したがって，自分自身の働きの功績を誇ったり，功徳行為に信頼を置いたりする人は誰であれ，存在しないものを誇り，そして，忌むべき偶像礼拝に信頼を置いているのです．

第15条では，第14条における神の喜びと怒りの観点から捉え直した人間の行為を踏まえて，完全性という観点から，律法と人間とが対照的に解説されている．ここでのポイントを次の三点，⑴完全と不完全，⑵イエスの義と贖罪，⑶誇るべきは主，に絞って確認していく．

⑴完全と不完全

先の第13条で確認したように，「律法」とは神が何を厭い，何を喜ばれるのか，その神の御心をわたしたち人間に啓示するものである．神の御心を直接的に写し出す律法について，信仰告白は「**最も公正で，公平であり，聖であり，かつ完全**」であると告白する．ところが，その律法の受け手である人間はその本性からして「**あまりにも堕落し，弱く，不完全**」であるため，律法を遂行することができない．つまり，神の御心に適うような生き方や行いをすることが人間にはできないのである．もしもできるとすれば，それは「真の神，かつ真の人」であるイエス・キリスト以外にはいないのである．

⑵イエスの義と贖罪

神の律法を遂行できない人間は，「どうせできないのなら」と開き直って，律法を無視して生きることを，神はよしとはなさらない．そのような弱く，不完全な人間のために，神は愛する独り子をお与えくださったのである．キリストの十字架と復活の出来事をとおして，わたしたちは神と再び一つに結び合わされる．それが「贖罪（アトンメント）」である．第9条の講話でも記したとおり，「アトンメント（Atonement）」の本来の意味は，神と人が「一つになること（at-one-ment）」である．不完全な人間が信仰においてキリストと一つに結ばれているからこそ，わたしたちの不完全な従順をも，神はキリストによる完全な従順と同じように見なしてくださる．キリストと一つに結ばれる幸いはここにもあると言えよう．

⑶誇るべきは主

律法はただキリストにおいて成就する．わたしたちは自力で神の御心に適うことを行うことができない．わたしたちがもし神の御心に適うとすれば，それはキリストと一つに結ばれるがゆえの，キリストの霊の導きによるものである．律法に関して，人間は誇れるものを何一つ持ち合わせていない．パウロは手紙でくり返し引用している．「誇る者は主を誇れ」（コリントの信徒への手紙一1章31節，同二10章17節）と．律法は人間が本当に誇るべきものをわたしたちに教えている．主を誇れと．

第16条　教会

わたしたちが父と子と聖霊の一つなる神を信じるのと同じく，わたしたちは，はじめから存在し，今も存在し，そして世の終わりまで存在する一つの教会を，つまり，キリスト・イエスの体であり，また花嫁でもある教会の，その唯一の頭であるキリスト・イエスを信じる真の信仰によって，神を正しく礼拝し，神を受け入れる，神に選ばれた人たちの一つの仲間，または一つの群れを，堅く信じます．この教会は，ユダヤ人であれ異邦人であれ，聖霊による聖化をとおして，父なる神と，またその御子キリスト・

イエスと交わりやつながりをもつ，あらゆる時代の，あらゆる国，民族，語族から選ばれた人から成るため，公同的（カトリック）であり，普遍的です．ですから，それは世俗的な人間たちの交わりではなく，天上のエルサレムの市民として，計り知れない恩恵の実りに，（すなわち）唯一の神，ひとりの主イエス，一つの信仰，唯一の洗礼にあずかる聖徒たちの交わりと呼ばれます．この教会の外にはいのちも永遠の祝福もありません．したがって，どの宗教を告白するかに一切関係なく，公正と正義に従って生きる人たちは救われる，と主張する人たちの冒瀆を，わたしたちは全くもって嫌悪します．なぜなら，キリスト・イエスを抜きにしては，いのちも救いもないからであり，その結果として，御父が御子キリスト・イエスに与えてくださった人たち，また，ついにはキリストのもとに来て，このお方の教えを公に言い表し，このお方を信じる人たち（わたしたちは信仰者の両親をもつ子どもたちもそこに含める）以外には，誰一人として，そこに加えられることはないからです．この教会は目には見えず，誰をお選びになったのかをご存じである神だけにしか知られず，そして，世を去った選ばれた人たち，すなわち勝利の教会も，さらに，今も生きて，罪やサタンと戦っている人たちも，また，これから後に生まれてくる人たちも，これに含まれます．

第5条で「教会の存続，成長，保持」の表題のもとに言及されていた「教会」とは，創世記にはじまる族長たちから代々と続く神の民「イスラエル」のことであった．特に，「契約の民」の中に教会の本質を見出すからこそ，この信仰告白は旧約のイスラエルの民のことを，躊躇なく「教会」とよんでいる．この第16条では，改めて「教会」の定義について論じられる．ここでのポイントを次の三点，⑴「わたしたちは教会を信ず」，⑵天上のエルサレム，⑶神のみぞ知る，に絞って確認していく．

⑴「わたしたちは教会を信ず」

父・子・聖霊の三位一体なる神を信じるのと同じように，ここで「教会」を信じるとの信仰が表明される．教会がまさに「信仰の対象」として言明されているのであるが，この第 16 条で語られている「教会」とは，地上の，目に見える，個別の名をもった各個教会のことではなく，目に見えない教会のことである．アウグスティヌスに代表されるように，古代から「見える教会」と「見えない教会」の区別が行われてきた．見える各個教会にはそれぞれに「創立記念日」といった歴史的な始まりがある．しかし，ここで語られる教会は「**はじめから存在し，今も存在し，そして世の終わりまで存在する一つの教会**」であって，各個教会のことではない．天地創造の前から「神の宮」として存在し，世の終わりまで存在する，歴史を貫き，歴史を超える，天上の教会である．信仰に生きるキリスト者たちは，地上の目に見える各個教会をとおして，時空を超えて，天上の目に見えない一つの教会へと集約され「**天上のエルサレムの市民として**」，一つの仲間になるのである．

⑵天上のエルサレム

教会はここで「**天上のエルサレム**」と表現され，さらに使徒信条が告白する「**聖徒の交わり**」とよばれている．地上の教会では「人間相互の交わり」も看過できない大切な課題であるが，それ以上に，教会が「**聖なる**」ものとして，「**ひとりの主イエス，一つの信仰，唯一の洗礼にあずかる聖徒たちの交わり**」であることを見失ってはならない．それこそが教会の生命線であり，そこに教会の真の「いのち」があるからである．天上のエルサレムには父・子・聖霊の内在的ないのちの交わりがあるように，地上の教会も，三位一体なる神との信仰による霊的な交わりを築くことが大切である．そのためにも，礼拝を豊かに整える不断の取り組みが求められる．

⑶神のみぞ知る

ここで第 8 条の主題となった「選び」が再び問われている．このスコットランド信仰告白では「選び」はキリスト論の文脈に置かれ，それゆえに，選びは「キリストの」選びとして理解され，告白されている．キリストがいったい誰をどのように選ばれるのかは，人間のあずかり知るところではない奥義である．キリストご自身のまったき自由において行使されるのが選びであるため，まさに「神のみぞ知る」事柄である．

教会は，一面において，キリストの選びにあずかるにふさわしくない罪人たちの集まりでもある．キリストは欠けや破れを抱えているわたしたちをもお選びくださるお方である．キリストは昔も今もこれからもそのようなわたしたちをも選び，地上の見える教会をとおして，ご自身の見えない天上の教会へと招いてくださる．

第17条　魂の不死

世を去った選ばれた人たちは，平安の内にあり，苦労から解放されているのであって，ある空想家たちが考えるように，彼らは眠っているのでも，忘却の中をさまよっているのでもありません．なぜなら，彼らは，わたしたちや神に選ばれた者すべてがこの世の生涯で被るあらゆる恐れや苦痛から，また，あらゆる誘惑（このことのゆえに，わたしたちは戦闘の教会と呼ばれる）から，解き放たれているからです．その一方で，世を去った遺棄された人たちや不信仰な人たちは，言い表すことのできない苦悶，苦悩，苦痛を味わいます．したがって，ルカによる福音書16章のたとえ話における，ある金持ち（原文は「the thief：強盗」）についてのキリストの言葉や，祭壇の下で死者たちの魂が叫ぶ言葉，「真実で聖なる主よ，いつまで裁きを行わず，地に住む者にわたしたちの血の復讐をなさらないのですか」などによって証言されているとおり，どちらの人たちも，喜びも苦悩も感じない眠りのような状態になるわけではありません．

第16条と第18条の主題が「教会」であるが，この両者に挟まれているのが「魂の不死」である．表題だけを見れば，この配置に対して疑問を抱くかもしれないが，その内容は第16条と密接に繋がっている．ここでのポイントを次の三点，⑴勝利の教会，⑵戦闘の教会，⑶遺棄された人たち，に絞って確認していく．

⑴勝利の教会

第 17 条は，第 16 条と一つにつなげても全く違和感がなく，むしろ元々一つの文章だったのでは，と思われる条項である．なぜなら，第 16 条の終盤に「**世を去った選ばれた人たち，すなわち勝利の教会**」と記されていたが，この条文の冒頭で再び「**世を去った選ばれた人たち**」が言及されるからだ．すでに世を去り，天に召された人々の魂は，今現在どうなっているのか．この問題は, ルターが宗教改革を惹き起こすきっかけとなった「免罪符」とも関わっている．当時，死者の魂はまず煉獄に送られ，浄罪火の炎で焼かれた後，清められた魂だけが天国へ行くと教えられ，死後もなお続く炎の苦しみが強調されてきた．その苦しみから解き放つ効能を謳い，ローマ・カトリック教会は免罪符を販売していたのである．こうした当時の死後世界の理解に対し，信仰告白は，世を去った人々は「勝利の教会」となり,「**平安の内にあり，そして自分たちの苦労も休止している**」と明言する．宗教改革によって, 死後の生について, プロテスタント教会はローマ・カトリックの煉獄思想とは異なる新たな理解を展開していったのである．

⑵戦闘の教会

人はこの世を生きる限り，苦悩や試練から免れるわけにはいかない．しかも，キリストの十字架の死によって罪を赦されながらも，なお罪を犯し続ける弱さや愚かさを抱えているのが信仰者の現実である．己の弱さや不信仰と，そして罪や降りかかる誘惑や試練と闘い続けるのが，信仰者のこの世での姿である．またそれゆえに，そのような一人ひとりの信仰者たちが共に集う地上の教会が，ここで「**戦闘の教会**」と表現されている．特に，16 世紀の宗教改革のさなか，改革者たちが立ち続けた場所は，紛れもなく「**戦闘の教会**」だったという自覚も垣間見える表現であると言えよう．宗教改革はこの地上の教会をキリストのもとに取り返すための戦闘であり，しかもこの戦闘は今なお続き，これからも続いていくものである．天に召された人々は，こうした戦闘からは解放され，すでに「勝利」を治めた永遠の天上の教会に加わり，その歓喜と平安を享受している，とみなされている．

⑶遺棄された人たち

己の弱さや不信仰と闘わずに，むしろ罪に生きることを自ら選びとった人々に対し，死後に「**言い表すことのできない苦悶，苦悩，苦痛**」というような報いが待ち受けていると言明される．選ばれた者たちの勝利の歓喜が永遠のものであるなら，他方，遺棄された人々の「**苦悶，苦悩，苦痛**」もまた永遠ということになるであろう．どちらの「永遠のいのち」をあなたは生きるのか，生きたいのか．信仰告白は地上を生きる人々にその決断を問うのである．「永遠の命を信ず．アーメン」（使徒信条）と告白し続ける信仰者にとって，死後の生は魂が無になったり，睡眠状態になったりするのではなく，神と共に平安と歓喜の中を生きるのである．この救いの出来事は，信仰者が自力で勝ち取るものではなく，徹底してキリストの選びによるものである．教会で葬儀式が営まれるたびに，わたしたちは召された兄弟姉妹が「勝利の教会」に加えられたことを確信しつつ，遺族の方たちに対するキリストによる慰めと平安を祈り願うのである．

第18条　それによって偽りの教会から真の教会を見極めるしるし，および，誰が教理の審判者になるのか

サタンは，はじめからずっと，自らの有毒な会堂を神の教会の称号で装うことに精を出し，しかも，カインがアベルに，イシュマエルがイサクに，エサウがヤコブに，ユダヤ人祭司の全体がキリスト・イエス御自身に，その後，彼の使徒たちに対してしたように，残忍な殺人者たちを駆り立てて，真の教会およびその成員たちを迫害させ，苦しめ，悩ませてきました．したがって，わたしたちが欺かれて，真の教会と偽りの教会とを取り違えたり，誤認したりして，自分たち自身に滅びの宣告がくだされないよう，明

瞭で完全なしるしによって，その汚れた会堂から真の教会が判別されることは不可決です．キリストの純潔な花嫁が，おぞましい娼婦から，すなわち，偽りの教会から，それによって判別されるしるし，標章，また確実な証拠品（トークン）とは，年期の長さでも，不当に奪われた称号でもなく，代々に継承された使徒権でも，特定の場所でもなく，誤謬を是認している人たちの数の多さでもない，とわたしたちは言明します．なぜなら，カインは年齢も地位もアベルとセトに先んじ，エルサレムは地上のどんな場所よりも優先され，また，そこでは祭司たちは代々アロンの家の直系であり，そして，キリスト・イエスとその教えを心から信じ，従った人たちよりも，はるかに大勢の人たちが，律法学者，ファリサイ人，祭司たちに従った……などがあり，見識ある人なら，ここで例示したどの人たちも神の教会だったと判断する人はいないからです．したがって，神の真の教会のしるしは，次のとおり，とわたしたちは信じ，告白し，公言します．第一は，預言者たちや使徒たちの文書が明らかにしているように，神がそこにおいて御自身をわたしたちに啓示する，神の言葉の真の説教です．第二は，キリスト・イエスの聖礼典の正しい執行であり，そこでは，神の言葉と約束がわたしたちの心に封印され，確証されるために，それらと結び合されていなければなりません．そして最後は，神の言葉が命じるとおりに，正しく実施される教会規律であり，それによって，悪徳は抑制され，美徳が促進されます．したがって，これらのしるしが認められ，そしていつまでも持続するところではどこでも，人数がそろっていようとなかろうと，何ら疑いを差し挟む余地なく，そこには，その中心にいると自ら約束しておられるキリストの，真の教会があります．これは，前述しておいた普遍的教会のことではなく，パウロによってつとめ（ミニストリー）が始められ，そして彼自身が神の教会と呼んだ，コリントやガラテヤ，エフェソやそれ以外の場所にある，それぞれの各個教会のことです．キリスト・イエスを告白するスコットランド王国の住民であるわたしたちは，自分たちの教会の中で教えられる教理のゆえ，また書かれた神の言葉，すなわち旧・新約聖書に含まれ，その原初から正典的とみなされてきた諸々の書物に含まれる教理ゆえに，自分たちの市や町に，そして改革された地域に，そのような教会がある，とはっきりと主張します．これら（教会，聖書，諸書をさす）において，人間の救いにとって信じられねばならない一切のことが十分に言い表されている，とわたしたちは言明します．聖書の解釈は，何らかの個人や公人に属すものでも，あるいは，人物や場所に由来する優越性や優位性から，何らかの教会に属するようなものでもなく，聖書を書かしめた神の霊に属する，とわたしたちは告白します．聖書のいずれかの箇所や聖句の正しい理解をめぐって，あるいは，神の教会の内部にある何らかの悪習を改革するために，論争が生じる際には，わたしたちは，自分たちの先人たちが何を語り，何をしたのかに答えを尋ね求めすぎてはならず，むしろ，聖書全体の中で聖霊が一貫して語っていることが何であるのか，あるいは，キリスト・イエスご自身が何をなさり，何をするよう命じられたのかに，答えを尋ね求めるべきです．なぜなら，一致の霊であられる神の霊が矛盾したことをお語りになるはずがないことは，誰もが同意する点だからです．したがって，どんな神学者の，どんな教会の，またどんな教会会議の解釈や見解であっても，もしそれが聖書のいずれかの他の箇所に記された明瞭な神の言葉に反するならば，たとえ諸会議，諸王国，諸国民がそれを承認し，受け入れたとしても，それは，聖霊についての正しい理解でも，本来の意義でもないことは，これ以上ないほどに明白です．わたしたちは，自分たちの信仰に関する主要点に対し，また，他の明瞭な聖書テキストに対して，あるいは，愛の律法に対しても，それらと矛盾するいかなる解釈を承諾したり，承認したりすることは決してありません．

ここでのテーマも第17条に引き続き教会であるが，特にこの第18条は全25条の中でも最も引用され，言及される，スコットランド信仰告白の個性を際立たせる条項でもある．ジュネーヴ教会信仰告白も第18条が教会であり，スコットランド信仰告白はこれと配列が一致するが，それは意図されたものではないだろう．改革者ルターやカルヴァンが真の教会のしるしを二つ明示したのに対し，この信仰告白はさらにもう一つ加え，三つ指摘する．それが今回のポイント，(1)説教，(2)聖礼典，(3)規律，である．

⑴説教

大陸系の改革教会，およびアングロ＝サクソン系の長老教会では伝統的に，聖書の解き明かしとしての説教が重視されてきた．説教は牧師のつとめの中でも最優先に位置付けられるべき課題である[48]．ここでは「**神がそこにおいて御自身をわたしたちに啓示する**」という説教が果たす機能が記されるだけで，「説教とは何か」といった定義や分析が示されるわけではない．しかし，この信仰告白が言明する説教の啓示的役割を再認識し，実際に日曜日毎に教会で語られる説教をとおして，神は啓示されているのかどうかを再確認する必要があるだろう．

礼拝の式次第で「説教」と書かれているから，そこでのお話が「説教」となるわけではない．神が啓示される説教こそ「**神の言葉**」としての説教である．説教を語り，聞くうえで，牧師も長老も，信徒も求道者も，その点に意識と注意をはらう必要がある．説教が教会を生かす生命線であるのは，説教をとおして，聖霊の働きによって，会衆は神の「啓示」にふれ，そうしてはじめて，神との出会いが出来事となるからである．この信仰告白は，説教の啓示的役割を，またその一点を強調する．

⑵聖礼典

「**聖礼典の正しい執行**」も改革者たちが共々に重視した真の教会のしるしである．聖礼典の誤用や濫用は教会の真正さを歪める振る舞いである．後の第21条の表題が「聖礼典」であり，聖礼典の具体的な問題はそこで丁寧に論じられることになる．ここで示されているのは「聖礼典」と「**神の言葉と約束**」との結びつきである．この両者の結合こそ，聖礼典が聖礼典であるためには欠かせない．より具体的に言えば，説教をとおして啓示

48) この点に関し，たとえば，スコットランド自由教会大学（現エジンバラ神学校）の学長を務めたドナルド･マクラウドは『長老教会の大切なつとめ』で，「第一に，説教のつとめをわたしたちの優先課題とすることです．牧師は説教を語るために存在し，牧師たちは説教を語ることのために自らの全精力を傾注することが前提条件です」など，御言葉のつとめの重要性を随所で説き，第4章の表題を「説教は最優先課題」としている（拙訳，一麦出版社，2010年，17頁，他）．

される「**神の言葉と約束**」と聖礼典との結合である．

確かに，礼拝式において聖礼典が執行されるときはいつでも，説教が語られているに違いない．しかしながら，肝心なことは形式的な結合ではなく，実質的な結合である．つまり，聖礼典に関する神学的な意味内容が聖書に基づいて解き明かされているかどうかが要点となる．聖礼典が執行される礼拝においては，どの聖書箇所からでも，そのとき語られる説教の中で聖礼典の意味やこれにあずかる意義について説き明かされることが，よりいっそう求められる．聖礼典を霊的に豊かに営むために，説教の内容との一体性をもっと真剣に考える必要がある．

(3)規律

規律（ディシプリン）は教会の聖性を保持するために必要な秩序である．「キリストの体」という具合に，教会は「人体」に譬えられる（コリントの信徒への手紙一12章27節，エフェソの信徒への手紙4章12節）．体の健康を維持するためには健全な生活習慣が求められる．この生活習慣が崩れると，気づかない間に健やかさも次第に崩れていく．外側からはまったく見えない体内では，小さな腫瘍を放っておいたために，深刻な重病へと進展してしまうこともある．あるいは，予想しない突然の事故や自然災害によって，体に大きな外傷を被ることもある．日々の暮らしの中で，健康であることの大切さがつくづく思わされる．

教会もまさにそうであり，教会の健やかさを保持するために霊的な秩序が必要である．それが「規律」である．これは「訓練」とも「規則」とも言い換えることができる．この世界にはさまざまな規則があり，教会にも「教会規則」がある．そもそも規則とは，誰もが同じ共通認識のもとで生活を健全に，円滑に営むためのものである．「教会規則」は教会員一人ひとりが共通に同じ主を仰ぎつつ，健全に「真の教会」としての霊性，聖性を保つための大切な指針であり，教会の過去・現在・未来を貫く教会形成のビジョンとしても不可欠である．キリストの体なる教会で発症する病気は，この世的で，人間の恣意的な知恵によって簡単に感染してしまう．改革者たちは自らが所属する教会がその病魔に侵されていると認め，その改善のために声をあげ，立ち上がり，改革に取り組んでいった．改革者から継承した精神を見失ってはならない．キリストの体なる教会であるために，悪徳を除き，美徳を確立するために，神の言葉とともに霊的な秩序を守る規律の大切さを，信仰者は忘れてはならない．

第19条 聖書の権威

聖書は神に属する人を教え，完全にするのに十分であると，わたしたちは信じ，告白するのですから，自ずと，聖書の権威は神ご自身に由来し，人間や天使によるものではない，とわたしたちは言明し，公言します．したがって，聖書には教会から受ける以外にはいかなる権威もないと主張する者たちは，神を冒瀆する者たちであり，また，自らの花婿また牧者であるお方の声を常に聴き分け，従い，自らがそのお方の主人となることのない真の教会にとっては加害者たちであると，わたしたちは言明します．

第18条の論点は「真の教会」と「偽りの教会」を識別するためのしるしだった．この第19条は，教会における「聖書の権威」の位置づけであり，「真の教会」を論じる文脈に置かれている点が重要である．ここでのポイントを次の三点，⑴権威の由来，⑵教会と聖書 ⑶教会の主，に絞って確認していく．

⑴権威の由来

2017年は，ルターの宗教改革からちょうど500周年を迎えた記念すべき一年として，教会でもさまざまな企画が実施されたことは，まだ記憶に新しい．1517年にルターが「九十五箇条の提題」をヴィッテンベルクの城教会の門に掲げたことをきっかけに，これまで燻っていたローマ・カトリック教会への批判と教会の改革運動に火がつき，欧州の各地に燃え広がっていった．その後，次々に起きた各国の宗教改革はそれぞれ多様な様相を呈したものの，共通していたのは，教会に聖書の権威を回復することだった．キリスト教の中心に，そして人々の信仰生活の中心に聖書を取り戻すことが改革者たちに共通する改革の戦いであり，それはスコットランドでも同様だった．

インノケンティウス三世（在位：1198年−1216年）が教皇だった時代に，この世のどんな権威をも凌駕する絶頂期を迎えた欧州のキリスト教世界では，その後も長く教皇の権威が支配的となり，その権威のもとで，教会は発展を遂げていった．その象徴とも言えるのが，欧州各地に建立された数々の荘厳な大聖堂である．しかし，16世紀になり，ルターが投じた一石は，当時の人々の価値観を一変させた．それは，キリストの教会において，神の言葉である聖書の権威は教皇の権威をはるかに凌駕する，という権威をめぐる一石である[49]．宗教改革は教会における権威の問題を白黒はっきりさせる戦いだったとも言えよう．人間が聖書に権威を与えているのではない．聖書は聖霊の働きにより直接に神に由来し，聖書をとおして神がご自身を啓示する，極めて重要な権威であると信仰告白は宣明する．

(2)教会と聖書

聖書に関しては次のような見解もある．「聖書に権威を持たせているのは神でなく，教会ではないのか．なぜなら，教会が聖書正典を66巻と定めているのだから」と．つまり，教会があってはじめて聖書があるのであっ

49）　M.ルター「キリスト教界の改善に関して ドイツのキリスト者貴族に宛てて」の中で，たとえば「教会における権力は，ただ改善のため以外のものであってはならないのである．それゆえに，自由な公会議を開くことを拒むために，教皇が権力を行使しようとし，そのことで教会の改善が妨げられる場合には，私たちは教皇とその権力に斟酌を加えるべきではない．また教皇が破門し叱咤する場合には，人はこれを狂人の計画として軽蔑し，神を信頼して逆に教皇を全力をあげて破門し追放すべきである．実際このような教皇の不遜な権力は無意味であり，教皇といえどもまたそのような権力を持っていないし，そのような権力をもとうとするものは，聖書のことばですぐ倒されるのである」（189頁）など，随所で教皇の権威を鋭く批判した．詳細については『ルター著作選集』，教文館，2012年，173−213頁を参照．

て，それゆえ，もし教会がなければ聖書もない，と．したがって，聖書に権威があるとすれば，それは教会が聖書に権威を付与しているからだ，と．16 世紀までの文脈では，教会における最高権威は「教皇」であり，その権威は欧州のキリスト教世界では絶対的だった．宗教改革はそこにメスを入れたのである．教皇に代表される教会の権威は聖書の教えすら恣意的に作り変えられるまでに支配的なのか，と．免罪符批判を展開したルターの批判の矛先はまさにその点にあった．聖書の権威が貶められているという現実に，ルターをはじめ，その後の改革者たちは当時のローマ・カトリック教会による神への冒瀆を鋭く見抜き，徹底して抗議（プロテスト）したのだった．

⑶教会の主

聖書に対する姿勢の中に，真の教会と偽りの教会を識別する鍵がある．ここで「聴き分ける」「従う」「主人にならない」という動詞が用いられている．思い起こされるのが，ヨハネによる福音書 10 章で主イエスが語られた「羊の囲い」の譬えである．羊は強盗にではなく羊飼いの声を聴き分け，強盗にではなく羊飼いに従う．この羊の姿の中に真の教会の姿がある．羊飼いと羊の関係は置換不可能である．しかしながら，改革者たちの目に映った現実は，羊飼いを従属させる羊のごとく，神の啓示である聖書の権威を蔑ろにし，神の主権を踏みにじる「偽りの教会」の姿だった．ルターの宗教改革から 500 年もの時を経た今，わたしたちの教会と信仰にとって聖書の権威とその位置づけを，そして，わたしたちにとって聖書とは何であるのかを，再確認すべきだろう．

第 20 条　全体の諸会議，それらの権能，権威，および，その召集理由

わたしたちは合法的に召集された諸々の全体会議に集った敬虔な人たち

がわたしたちに提案したものを軽々しく廃案にすることはありませんが，諸々の全体会議の名において人々に布告されるものすべてを無批判的に受け入れることも決してありません．なぜなら，人間である以上，彼らの中には明らかに間違いを犯す人もいること，しかも，きわめて重大かつ重要な諸問題においてそうであることが明白だからです．したがって，全体会議が明白な神の言葉によって自らの裁定を裏付ける限り，わたしたちは，その限りにおいて，それらを尊重し，受け入れます．しかし，もし人々がある全体会議の名において，わたしたちに関する信仰の新しい条項を作り出そうとしたり，神の言葉に反する決議をしようとしたりすれば，わたしたちは，わたしたちの魂を唯一の神の声から引き離し，人間の教理と教えに従わせようとする悪魔たちの教理として，それらを断固として拒否しなければなりません．諸々の全体会議が召集される理由は，神がまだ作っておられなかった恒久の法を作るためでも，わたしたちの信仰に関する新しい条項を作り上げるためでも，神の言葉に権威を与えるためでもありません．ましてや，その聖なる意思によって神の言葉においてはっきりとは言い表されていないものを，神の言葉であるとしたり，あるいは神の言葉の正確な解釈であるとしたりするためでもないことは，言うまでもありません．むしろ，諸会議の目的は，少なくともその名に値するのは，ある部分においては，異端を論駁することや，自分たちの信仰に関する公式な信仰告白を次世代に伝えることであり，諸会議は，これらを書かれた神の言葉の権威によって行うのであって，その数の多さゆえに誤るはずがないといった見解や特権によって行うものではありません．このことが，諸々の全体会議の第一の理由である，とわたしたちは判断します．第二の理由は，神の家ではあらゆるものがきちんと秩序正しくなされているように，教会の中で良い教会政治と秩序が構築されるべきだからです．何らかの教会政治や諸々の儀式の秩序が，あらゆる時代，あらゆる時や場所に指定され得るとは，わたしたちは考えません．なぜなら，人間が考案した諸々の儀式はこの世的なものにすぎず，そのため，それらが教会を教化するよりも，むしろ迷信を助長するのであれば，それらは変えられてもよいものであり，むしろ，変えられるべきものだからです．

第20条で論点となっているのが「教会会議」である．ここでは特に教会の全体総会（ジェネラル・アッセンブリー）が想定されているが，各個教会での教会会議（長老会，教会総会）にも通じる問題が論じられている．ここでのポイントを次の三点，⑴神の言葉による裏付け，⑵教会会議の目的，⑶信仰の継承，に絞って確認していく．

⑴神の言葉による裏付け

ルターが「九十五箇条の提題」で一般の信仰者たちに対して神学的に問うたのは，人は何によって救われるのか，という「救済論」だった．彼の批判の根底にあったのは，通俗的な煉獄思想にも免罪符にも「神の言葉（聖書）」の裏付けはどこにもないという点だった．ルターの目には，免罪符は明らかに「**人間の教理と教え**」，つまり，人間が恣意的に作り出した「発明品」にほかならなかったのである．

スコットランドの宗教改革は，ローマ・カトリック教会の教えと位階制を斥け，教会の最高の意思決定権を全体総会に委ねることになった．教会の判断や決定は何を根拠に行われるべきか．宗教改革によって誕生したプロテスタントの諸教会は共通に「神の言葉」である聖書をその根拠としたのだった．しかしながら，聖書の中に，教会会議で決定すべき事柄，たとえば，教会墓地の取得と管理運営に関する問題や教会規則の改定など，すべてが事細かに記されているわけではない．また他方で，聖書に記されていないという理由だけで，物事を全否定することもまったくの極論であり暴論である．

会議において問われるのは，誰の意思が優先されるのかという「意思決定」である．神の意思は常々「御心」とよばれてきた．主の祈りをとおして「御心の天になるごとく，地にもなさせ給へ」とくり返し祈り続けてきた．教会会議で最優先されるべきは神の御心であり，その御心に適う判断と決断を行うことである．牧師や他の「有力者」の個人的な意思など，主の御心の前では塵のごときものであって，そこに個人への「忖度（そんたく）」の余地は微塵もない．そのためにも，会議における主権がどこにあるのかを常に再確認する必要がある．聖書をとおして啓示される神の意思に，その御心に服する姿勢が重要である．それゆえ，会議はその開会と閉会の際に祈り，この会議の主権を確認するとともに，その主権者である神の導きを求めるのである．

⑵教会会議の目的

古来，「異端」は聖書の誤った解釈に基づく誤った判断から生じてきた．教会会議は「誤り」や「間違い」を見極め，それを正す場でもある．昔も今もこれからも，教会は自浄能力をもたない組織であってはならないのである．

宗教改革以前の教会では，各個教会の単位では，教会会議のような議論や対話の場は設けられていなかっただろうと思われる．なぜなら，教皇を頂点とする絶対的な位階制度のもと，各地の大司教の権限において上意下達．下々の者たちが口を挟む余地はなく，もしルターのように口を挟み，異議を唱えたなら，異端者とされてしまっていたからである．教会会議が健全に行われず，特定個人が絶対的な影響力をもつと，その教会の正統性は歪み，異端化していく恐れは大きくなるだろう．

一般的に，会議とは諸々の事柄について，その構成員が冷静かつ客観的に議論を重ね，一定の方向性を見出し，決断を下す場である．しばしば，何が正しく，何が誤りなのかを判断するのがとても難しい事柄に突き当たることもある．しかし，教会には判断する基準がある．それは聖書である．信仰告白でも「**諸会議は，書かれた神の言葉の権威によって**」とあるように，聖書の権威によって判断をする．必ずしも多数が正しく，少数が誤っているとは限らない．それはつまり，教会会議の決定権はその会議の構成員にではなく，会議の真の主催者である神にある，ということである．したがって，教会会議は，御言葉の権威に根差して判断をすることが不可欠である．教会会議が，諸々の事柄について構成員同士で議論し，判決する場であることは間違いないが，祈りをもって開かれ，かつ閉じられる，神の御前で開催される会議であることを，いま一度再確認したいものである．

⑶信仰の継承

信仰告白にはさらに「**信仰告白を次世代に伝えるため**」に教会会議はあると記される．どのようにして信仰を次世代に継承していくべきなのかを，教会会議は祈りをもって真剣に考えなければならない．教会会議は，青年層への伝道や教会学校の組織運営など，次世代の教会を見据えて，今しかできないこと，今だからできることを見逃さずに，しっかりと話し合って取り組む必要がある．盛んに口だけ挟んで，実際には何もしようとしないことほど無益なものはない．

日本の各教会には100年，60年とそれぞれの歴史があるが，自分たちが受け継いだ教会を次世代にどう受け継いでいくのかという課題を，会議において皆でしっかりと共有し，これと向き合い，聖霊の助けと導きを祈りつつ，主の教会のために話し合い，御心に服して励んでいかなければならないのである．

第21条　聖礼典

律法のもとにあった父祖たちには，諸々の犠牲以外に，二つの主要な聖礼典，すなわち，割礼と過越の食事があり，そして，これらを拒む者は神の民とみなされることがなかったのと同じように，福音の時代にある今，わたしたちには，ただひとり，主イエスによって制定され，主の体の成員でありたいと願うすべての人たちによって用いられるよう命じられた，洗礼，そして，主イエスの食卓または主イエスの体と血の交わりとも呼ばれる主の晩餐の二つの主要な聖礼典があることを，わたしたちは承認し，告白します．旧約と新約のいずれにおいても，これらの聖礼典は，神の民と神との契約を持たない人たちとの間に目に見える区別を設けるためだけではなく，神の子らの信仰を訓練するためでもあり，そして，これらの聖礼典にあずかることで，神の約束の確かさ，および，選ばれた者たちがあずかる自分たちの頭なるキリスト・イエスとの最も祝福に満ちた結合，一体

性，そして交わりの確かさを，自分たちの心に封印するために，神によって制定されたものです．したがって，聖礼典はただのしるしであるにすぎないと主張する者たちの無価値化（vanity）を，わたしたちは完全に斥けます．否むしろ，洗礼によって，わたしたちはキリスト・イエスに接ぎ木され，キリスト・イエスの義にあずかる者とされ，それによってわたしたちの罪が償われ，赦されることを，さらに，正しく執行される主の晩餐において，主がわたしたちの魂の，まさに滋養となり，食物になってくださるほどまでに，キリスト・イエスがわたしたちと結び合わされることを，わたしたちは堅く信じます．ローマ・カトリックの信奉者たちがひどく有害に教え，誤って信じられているように，パンがキリストの体に，ぶどう酒がこのお方の実の血に実体変化するなどと，わたしたちは思い込むことはありません．そうではなく，聖礼典の正しい執行において，わたしたちがあずかるキリスト・イエスの体と血との一体性や結合は，聖霊の働きによってもたらされます．聖霊は，真の信仰によって，可視的で，肉的で，かつ地上的であるすべてのものを超えたところにわたしたちを導き，そして，かつてわたしたちのために裂かれ，流されたものの，しかし今は天にあって，わたしたちのために御父の前に姿を現しておられる，そのキリスト・イエスの体と血によって，わたしたちを養ってくださいます．天上のキリストの栄光の体と，地上の朽ちゆく人間との間にあるその隔たりにもかかわらず，それでもなお，わたしたちが裂くパンはキリストの体との交わりであり，わたしたちが祝う杯はこのお方の血との交わりであると，わたしたちは堅く信じます．したがって，信仰者は，主の食卓の正しい執行の中で，主イエスの体を食べ，その血を飲むことにより，主は彼らの内に，また彼らも主の内にとどまることを，わたしたちは疑うことなく告白し，信じます．彼らは，まさに，主の肉の肉，また主の骨の骨とされることで，本来は朽ちて滅ぶはずのそのキリスト・イエスの肉に永遠の神性がすでに具わっているのですから，キリスト・イエスの肉と血を食べ，飲むことは，わたしたちに同様のことをもたらします．このことは，ただその時だけわたしたちに与えられるのでも，また，聖礼典固有の力と効能によって与えられるのでもないことを，わたしたちは認めます．そうではなく，信仰者は，主の食卓の正しい行使の中で，生来の人間には感得することのできないようなキリスト・イエスとの結合を持つ，とわたしたちは言明します．さらには，怠惰や人間的な弱さによって妨害されている信仰者が，その晩餐にあずかるまさにその時に，実に多くの益にあずかれるわけではありませんが，しかし，良い土地に蒔かれた種のように，後になって実を結ぶことになる，とわたしたちは言明します．なぜなら，主イエスが正しく制定されたものからは決して切り離すことのできない聖霊は，そうした神秘的な業の成果を信仰者から奪い取ることなどなさらないからです．しかし，このことのすべては，その聖礼典をわたしたちに効果的なものとする唯一のお方，キリスト・イエスを感得する真の信仰からもたらされる，と再度わたしたちは主張します．したがって，わたしたちが聖礼典はしるしであって，それ以上のものではない，と言明したり，信じたりしていると訴えて，誰かがわたしたちのことを誹謗したら，その人たちは中傷好きであり，明らかな真理に反することを口にしています．その一方で，わたしたちはその永遠なる実体におけるキリスト・イエスと聖礼典のしるしの品物を区別することを，難なく承認します．ですから，わたしたちはその品物を，それらが示すものの代わりに，礼拝することも，しるしを軽んじたり，それらを無価値なものとしたりすることもありません．むしろ，わたしたちは，それらにあずかる前に自らをしっかりと吟味し，多大な敬意をもって，それらを用います．なぜなら，使徒が語った「だからふさわしくないままでパンを食し杯を飲む者は，主イエスの体と血とを犯すのである」を，わたしたちは確信するからです．

第18条以降,「真の教会」に関する事柄が信仰告白の主要なテーマとなってきた．ここでの第21条から第22条，第23条と三つの条項にわたって聖礼典のことが丁寧に論じられる．「真の教会の第二のしるし」である聖礼典をめぐって，これ程までの分量と字数を割いて述べていることは，スコットランドの改革者たちがこの聖礼典をめぐる諸問題を非常に重視していたことの証左にほかならない．ここでのポイントを次の三点，⑴洗礼と主の晩餐，⑵聖霊によるキリストとの結合，⑶自己吟味，に絞って確認し，整理していく.

⑴洗礼と主の晩餐

今日のプロテスタント教会に所属する信仰者たちとって，聖礼典は「洗礼と聖餐（主の晩餐）」の二つをさすというのは自明のことかもしれない．しかし，ローマ・カトリック教会では，聖礼典（秘跡）は七つ，すなわち「洗礼，堅信，聖体，赦し，病者の塗油，叙階，結婚」が認められている．これに対し，なぜプロテスタント教会では「洗礼と聖餐」の二つなのだろうか.

改革者たちが聖書に教理の根拠を尋ねた際，イエス・キリストご自身によって制定され，弟子たちにせよと命じられたと見なされる聖礼典は「洗礼と聖餐」の二つだけであった．そのため，プロテスタント教会では，ただ聖書だけを根拠に，この二つだけを「**主要な聖礼典**」として認めている.

⑵聖霊によるキリストとの結合

各教会では，それぞれに所属する教会団体が公式に定めた式文に即して，聖餐式が行われている．聖餐式では，信仰において，各信徒がパンとぶどう酒（またはぶどう液）を口に含み，食す．この聖餐式では何が起きているのか．スコットランド信仰告白は，聖餐において「イエス・キリストとの霊的結合」が信仰者たちにもたらされると宣明する．この霊的結合は，信仰者がどの程度実感として感得するかしないかにかかわらず，聖霊の働きによって，信仰において，聖餐にあずかる者にもたらされる霊的な奥義である．聖餐式は，これにあずかる参加者の行為である以上に，三位一体なる神の行為である．特に，聖餐における聖霊の働きを重視する点は，カルヴァン以来の改革教会，および長老教会の伝統の共通の特徴となっている．聖霊の働きという重要な一面から聖餐式を再認識することで，聖餐により一層豊かな意義を増し加えることになる.

⑶自己吟味

信仰告白は，聖餐にあずかる信仰者に「自己吟味」を要請する．スコットランド宗教改革期のサクラメント論の土台を築いたロバート・ブルース

は，聖餐にあずかるうえで「悔い改めの心」を吟味する重要性を訴えた.[50)]
キリストを十字架に追い遣ったわたしたちの罪．キリストが十字架の上で贖ってくださった罪．にもかかわらず，今なお神に背き，犯し続けてしまう罪．キリストの体と血を象徴するパンとぶどう酒（液）という聖餐の品にあずかる際，自分がこれにあずかれて当然だと誇れる信仰者は一人もいない．神への応答としての自らの信仰を確認しつつ，悔い改めの心をもってわたしたちは聖餐にあずかるのである．

第22条　聖礼典の正しい執行

聖礼典の正しい執行のためには，二つのことが必要不可欠です．第一は，聖礼典が正当な牧師たちによって執行されるべきであることです．そして，正当な牧師たちとは，御言葉の説教のために任命され，福音を説教するために神が力を与えて，そして，ある教会から合法的に招聘された人たちである，とわたしたちは断言します．第二は，神が定められた品物と方法で聖礼典が執行されるべきであることです．もしそうでなければ，それらはキリスト・イエスの正しい聖礼典ではなくなります．わたしたちがローマ教会の教えを斥け，またその数々の聖礼典を取り下げるのは，こうした理由からです．つまり，第一に，ローマ教会のミニスター（仕え人）たちはキリスト・イエスの真のミニスター（仕え人）たちではない（事実，聖霊が会衆の中で説教することが許可されていない女性たちに，彼らは洗礼を授けている）からであり，そして第二に，彼らは二つの聖礼典に，キリストによる原初の行いには一切ない，自分たち自身の添加を混入しているため，その原初的純粋さを留めていないからです．洗礼の際の油，塩，唾液といったものは人間の添加にすぎません．聖礼典を礼拝したり，崇敬した

50）　Robert Bruce,（ed: T. F. Torrance）, *The Mystery of the Lord's Supper*, Christian Focus, 2005. なお，ロバート・ブルース，『主の晩餐の奥義』（拙訳，一麦出版社，2021年）が冬頃に刊行される予定であるので参照されたい．

りすることや，それを街路や町中を行列して運ぶこと，特別な箱に収めてそれを保管しておくことなどは，キリストの聖礼典の誤用であって，適切な用い方ではありません．キリスト・イエスは「これを取り，これを食べなさい」と，また「わたしを記念するためにこのように行いなさい」と言われました．この言葉や命令で，イエス・キリストがパンとぶどう酒をご自身の聖なる体と血の礼典とするために聖別し，その結果，一方は食されるべきであり，また，すべての人が他方を飲むべきであって，ローマ教徒たちがするように，それらを神として礼拝したり，崇めたりするために保持されるべきではありません．さらに，人々から聖礼典の一部——祝福された杯——を取り上げることで，彼らは冒瀆に加担しているのです．その上，もし聖礼典が正しく執行される場合には，聖礼典の制定の目的や意図が，牧師たちだけでなく，その受領者たちによって理解されることが不可欠です．なぜなら，もし受領者たちが，何が行われているのかわからないとすれば，旧約聖書の犠牲の事例にみられるように，その聖礼典は正しく執行されてはいないからです．同じように，もし教える者が，神にとって憎むべき誤った教理を教えるならば，たとえ聖礼典が神ご自身の定めたものであっても，よこしまな者たちは神が命じられたもの以外の別の目的のためにそれらを用いているため，それらは正しく執行されていません．わたしたちは，このことがローマ教会における聖礼典において行われている，と断言します．なぜなら，そこでは，形式や意図，そして意味において，主イエスの行為全体の純度が劣化しているからです．四つの福音書から，また聖パウロから，キリスト・イエスがなされたことや，するよう命じられたことは明らかです．司祭が祭壇で行うことを，わたしたちは語る必要がありません．キリストの制定の目的や意図，また何のためにそれが用いられるのかは，「わたしを記念するためこのように行いなさい」や「あなた方は，このパンを食べ，この杯を飲むごとに，主が来られる時に至るまで，主の死を告げ知らせる——すなわち，主の死をほめたたえ，説教し，あがめ，讃美すること」という言葉で述べられています．これに対し，ミサの言葉を，彼ら自身の教理や教えを，そして，ミサの目的や意味が何であるのかを証明してもらおうではありませんか．要するに，彼らは，キリ

ストとその教会の仲介者として，生きている者と死んだ者の罪のなだめの犠牲を父なる神にささげるべきであるというのです．この教理はキリスト・イエスに対する冒瀆であり，しかも，聖別される人すべてを清めるために十字架の上でただ一度ささげられた唯一の犠牲から，その十全性を奪うことになります．ですから，わたしたちはその教理を嫌悪し，拒否します．

第22条では，おもに聖礼典を執行する側の観点から，正しく執行する意義と必要性が明示される．ここでのポイントを次の三点，(1)執行者，(2)神が定めた品物と方法，(3)制定の目的・意図を理解する，に絞って確認していく．

(1)執行者

誰が聖礼典を執行するのか．このことが，聖礼典が「正しく」執行されているか否かを見極める一つの規準となる．まず執行者が問われるのである．信仰告白は「**正当な牧師たち**」が執行する必要性を明示したうえで，その「**正当な牧師たち**」とはどのような人物なのかが提示される．それは，正当な手続きを経て，合法的に教会に仕える，御言葉の説教者である．当然ながら，世俗権力による任命など，当の教会があずかり知らない過程で一方的に人事が決められた場合，それは不当な手続きによる非合法的な人事であり，不当な牧師である．教会による招聘と牧師による受諾という，教会と牧師との間の契約関係が成立していなければならない．なぜなら，聖礼典はイエス・キリストとそれにあずかる人との間での「新しい契約」として執行されるからである．牧師は，神の言葉（説教）を語るために召されたと同時に，「見える御言葉」としての聖礼典を執行するためにも召されている．真に神の御言葉に仕える者としての牧師が，説教を語り，聖礼典を執行するのにふさわしいだけでなく，御言葉を御言葉たらしめるのに不可欠である．

(2)神が定めた品物と方法

まず聖礼典で用いられる品物については，宗教改革以前のローマ・カトリック教会では，伝統的に「実体変化説（聖変化）」とよばれる理解に則って，信仰者はパンとぶどう酒の品にあずかってきた．実体変化説とは，イエス・キリストが制定の際に言われた「これは私の体である」をそのまま文字どおりに受けとめ，パンとぶどう酒の外見（形相）はそのままでも，その実体はイエス・キリストそのものに変わるという理解である．聖体拝領において，執行者である司祭の祈りによって，パンとぶどう酒の品物はもはやパンとぶどう酒ではなく，イエス・キリストご自身に変化し，聖化されるのである．それゆえに，信仰者は司祭の祈りによって聖化されたこれらの品をイエス・キリストご自身として崇め，当時のスコットランドでも，必ず膝を屈めていんぎんに聖餐の品にあずかるのが慣習であった．

改革者ノックスはローマ・カトリック教会の実体変化説の教えと，用いられる品に対するいんぎんな慣習を厳しく批判した．聖礼典の品物（水・パン・ぶどう酒）は，イエス・キリストの実体それ自体でもなければ礼拝の対象でもないと，実体変化説を斥けたのだった．

ここでは，聖礼典はその真の執行者であり，その制定者であるイエス・キリストの言葉に即して執行される必要性が明示される．またそこに聖礼典の「正しさ」の根拠が置かれている．ここには人間が後から何かを付け加えたり差し引いたりできる余地は残されていない．ここで求められているのは，ただ御言葉への服従と従順である．教会において聖礼典を執行する者は，あくまでも真の執行者であるキリストの代理として行うのであり，自分が執行者であると誤解してはならない．それゆえ，聖礼典を執行する者は自分勝手にその目的や意図を歪めてもならない．真の執行者であるイエス・キリストの制定をわきまえながら，畏れつつ，牧師は聖礼典を正しく執行する必要がある．

⑶制定の目的・意図を理解する

聖礼典は，それを執行する者だけが洗礼と聖餐の目的や意図を理解していればいいのではない．それにあずかる信仰者一人ひとりが，聖礼典について正しく理解する必要がある．洗礼志願者は，洗礼の意味や目的を正しく理解しなければ，洗礼を受けられないだろう．聖餐にあずかる者も同様である．そのために，執行者である牧師は，受領者に聖礼典の意味や目的を正しく伝えなければならない．したがって，受洗希望者は準備教育において聖礼典の意義を教えられ，理解する必要がある．また，教会で定期的に行われる聖餐式でも，受領者である信仰者は聖餐の意味や目的を正しく理解したうえで，これにあずかる必要がある．そうでなければ，聖餐式は，ただのパンとぶどう酒（液）という品の飲食会にすぎなくなり，主の晩餐ではなくなってしまう．執行する牧師も受領する信仰者も，聖礼典の真の執行者であるイエス・キリストがこれらを制定された意味や目的を聖書から正しく理解してはじめて，聖礼典の豊かな恵みにあずかることになる．

第23条　誰に対して，聖礼典はふさわしいのか

洗礼が，成人した，分別のある人たちにふさわしいのと同じ様に，信仰者の幼児たちにもふさわしい，とわたしたちは考えます．したがって，幼児たちは信仰と理解を具える前に洗礼が授けられるべきではないとして，これを拒否する再洗礼派の誤謬を，わたしたちは断罪します．しかし，主の晩餐は，信仰の家族の成員であり，自らの信仰においても，また自らの隣人に対する自分たちの義務においても，自分自身を審査し，吟味することのできる人たちだけがふさわしい，とわたしたちは考えます．信仰をもたずに，または自らの兄弟に対する和解や善意をもたずに，聖なる食卓で飲み食いする人たちは，ふさわしくないままで食べています．わたしたちの教会の牧師たちが主イエスの食卓にあずかろうとする人たちに対し公の審査や個別的な審査を行うのは，そのためです．

ここでは，どのような人が聖礼典（洗礼・聖餐）にあずかれるのかが論点となる．ここでのポイントを次の三点，⑴幼児洗礼，⑵自己吟味，⑶審査を経てあずかる，に絞って確認していく．

⑴幼児洗礼

16 世紀の宗教改革期に，プロテスタント陣営の内でも争点となり，袂を分かった一つが幼児洗礼の問題だった．当時，急進的な改革運動とみなされた「再洗礼派（アナバプテスト）」は，洗礼にあずかるための必須条件として，受洗に先立ち，聖書の教えを十分に理解し，イエスをキリスト（救い主）と信じる信仰を公に告白することを定めた．そのため，聖書を十分に理解できる成人と認められた人だけが真の洗礼にあずかれると，彼らは主張したのであった．したがって，生後間もない乳飲み子や幼子に授けられた洗礼（幼児洗礼）は，非合法的で不当な実践であるとして，これを否認したのである．

これに対し，カルヴァンら主流派の改革者たちは幼児洗礼を「**信仰の家族**（教会）」の成員に加わるための「神の契約のしるし」とみなし，幼児洗礼を擁護し，これを実践し続けたのであった．聖礼典である洗礼の重点は，選びと同様に，これにあずかる人間の側にではなく，その真の執行者であられるイエス・キリストご自身にある．そもそも，幼児であれ成人であれ，主の洗礼にあずかるにふさわしい人など，実は誰もいないのである．スコットランド信仰告白を起草した改革者たちも幼児洗礼の実践を支持する．洗礼を受けた者は皆，老若男女，人種，国籍の隔てなく，神の「**信仰の家族**」の一員となるのである．

⑵自己吟味

すでに第 21 条でも主張されていた，聖餐にあずかる際の「自己吟味の必要性」が，ここでも再び強調されている．主の晩餐（聖餐）の聖礼典にあずかるにふさわしいのは，洗礼を受けた信仰者であるのみならず，「**自分自身を審査し，吟味することのできる人**」であると明示されている．先の幼児洗礼との関連で論じられている以上，ここでは，第一に，幼児洗礼を受けた幼子たちのことが想定されており，幼児洗礼を受けただけでは，聖餐にあずかるのにふさわしいとは言えないのである．しかし，幼児だけでなく，第二に，教会員としての義務に怠惰で，形式上の「信仰者」にすぎない成人の会員たちも想定されている．そのような人々に対し，信仰において改めて自己を吟味するよう求めている．主の晩餐にあずかるというのは，ただのパンとぶどう酒（あるいは液）という品物にあずかるという，外見上の事柄だけではない．パンは十字架の上で裂かれたキリストの体を象徴し，ぶどう酒は十字架の上で流されたキリストの血を象徴している．つまり，主の晩餐にあずかることは，主イエス・キリストの受難と十字架の自己犠牲によってわたしたちのために備えられた救いの恩恵にあずかり，信仰においてキリストと一つに結ばれるという，霊的な畏れ多い出来事である．今日のわたしたちがこのことをどれほど真摯に受けとめているのかが問われてくる．今一度，聖餐にあずかる際に，この主の自己犠牲によって備えられている救いの恵みをどれほど自覚しているのか，自己吟味しなければならない．

⑶審査を経てあずかる

宗教改革以降，スコットランドの長老教会では，聖餐式は毎月ではなく，年に四度行われてきた．かつて，聖餐にあずかるために「コミュニオン・シーズン」とよばれる約一週間に及ぶ準備期間（具体的には教会での夕礼拝や祈禱会）が設けられ，信仰者たちはこの準備の期間をきちんと過ごし，長老による審査の面談を経て，準備期間を遵守したことを証明する「トークン（証拠）」を受け取らねばならなかった．トークンが聖餐にあずかれる資格があることを示す証拠だった．長老たちによるこのような「公の審査」の慣習は18世紀まで続いたが，あずかる側のふさわしさを客観的に検証し，信仰者たちに自己吟味させるための取り組みだった．今ではこの慣習自体は廃れたが，このように聖餐にあずかる側の「信仰の備え」がとても重視されてきた伝統は現在でも受け継がれ，保守的な長老教会では「コミュニオン・シーズン」は保持されている．

その一例を紹介すれば，聖餐式が行われる日曜日の前に，水曜日から土曜日まで毎晩夕礼拝を開き，キリストの受難に関する聖書箇所から説き明かされる説教に耳を傾け，悔い改めと感謝の祈りをささげ続ける．説教者の負担は大きいが，毎日来られる人もいれば，毎日は来られない人もいる．

いずれにせよ，聖餐式に臨むために，この夕礼拝への出席が奨励される．こうした準備期間を経て，主の受難を十分に心に留めて聖餐式に臨むのである．他方で，イースター前の受難週や受難節など，特に教会暦に則した教会生活は重んじられてはいないという面がある．

スコットランド信仰告白は「**信仰をもたずに**」聖餐にあずかることは「**ふさわしくない**」と明言する．信仰の証として洗礼を受けていることが前提となるが，大切なことは，洗礼を受けているか受けていないか，という単なる形式の問題ではない．信仰の有無とともに，和解と善意の有無も問われている．信仰の内実としての和解とは，相手を赦す心である．イエス・キリストが十字架の上で父なる神に罪人の赦しを願った心に思いを馳せることが重要である．また善意も，何ら見返りなど求めずに，十字架において罪人の身代わりとなって神の裁きを受けられたイエス・キリストの善意に思いを馳せることが重要である．聖礼典にあずかるための「ふさわしさ」とは，信仰者として，また主イエスの弟子として，自らの心のありようや行いを省みて吟味すること以上に，十字架上のイエス・キリストに思いを馳せつつ，「イエスはわたしの主であり，キリスト，救い主である」という素朴かつ純粋な信仰が，自分の信仰の中身であるかどうかを吟味し，確認することにある．

第24条　国家の為政者

諸々の帝国や王国，領邦や都市などは，神によって定められ，規定されたものであること，また，そこでの権力者や権威者たち，（つまり）諸々の帝国の皇帝たち，諸国の国王たち，諸々の領邦の領主や諸侯たち，諸都市の市長たちは，神ご自身の栄光が現れるため，また，すべての人の福利のために，神の聖なる定めによって規定されている，とわたしたちは告白し，承認します．正当に立てられた国家の権力者たちに謀反を企てたり，転覆を謀ったりする者は，単に人類に対する敵対者であるだけでなく，神の御旨に対する反逆者である，とわたしたちは考えます．さらには，権威の座におかれているような人たちは，愛され，礼遇され，畏れられ，最大の尊敬をもって敬われるべきである，とわたしたちは告白し，承認します．なぜなら，彼らは神の代理者であり，神ご自身が，彼らの会議に同席し，裁きを行うからです．彼らは，善人たちをたたえ，擁護するために，そして，公然と邪悪を行う者たちを罰するために，神から剣を授かった裁判官たちであり，諸侯たちです．さらに，宗教の保全，および浄化は，とりわけ，諸王たち，諸侯たち，諸領主たち，そして行政官たちの義務である，とわたしたちは言明します．彼らは，ただ国家の政治のためだけでなく，真の宗教を保持するため，また，あらゆる偶像礼拝や迷信を抑制するためにも任命されています．このことは，ダビデやヨシャパテ，ヒゼキアやヨシュア，また，そのことのために熱心であったからこそ高く賞賛された他の人たちの内に見出せることでしょう．

したがって，上なる権威者たちが自分たちの本分どおりに活動する限り，彼らに逆らう人たちは，神の命令に逆らっていることになり，罪なしとみなされることなどありえない，とわたしたちは告白し，明言します．わたしたちはさらに，諸侯や領主たちが自分たちの職務を油断なく遂行する限り，彼らに援助や助言，あるいはサービス奉仕を拒む人は誰であれ，神の代理者をとおして彼らにそうすることを渇望しておられる神に対し，それを拒んでいる，と言明します．

ここでは俗権の為政者たちが論点となる．スコットランドでは「教会と国家」の関係において，教会への王権の介入や，各個教会の牧師の任命権や聖職禄授与権にその地方の権力者による介入が頻発するなど，信仰の「霊的自主独立性（スピリチュアル・インディペンデンス）」は歴史的にくり返され，当時，教会において俗権の為政者たちをどのように定義すべきなのかは，とてもデリケートであり，かつ喫緊の課題でもあった．ここでのポイントを次の三点，⑴神の聖なる定めによって，⑵神の代理者，⑶権威者の本分，に絞って確認していく．

(1)神の聖なる定めによって

スコットランドの宗教改革は「会衆の貴族たち」とよばれる諸侯たちが中心となって開催された議会の承認を得て成立した．その背後に「反仏・親英」を模索する政治的な力学が働いていたとはいえ，有力な貴族たちが宗教改革の導入を積極的に促進したのであった．したがって，スコットランドの宗教改革の達成の過程が，いわゆる「俗権連携型」だったことは明白である．

スコットランドの王位継承者であるメアリ女王は僅か6歳の1548年から，1561年までパリの宮廷で生活していたため，実際には国王が不在の中で宗教改革は実施された．教会にとって，国王をはじめとする俗権の「為政者」との関係性は重要だった．隣国イングランドの宗教改革では，国王が教会の最高統治者となることを定めた「首長令」が発布された．スコットランドにおける国王，および為政者たちは，この信仰告白でどのように位置づけられているのか．

為政者たちは，まず「**神ご自身の栄光が現れるため，また，すべての人の福利のため**」に神によって特別に権力を委ねられた存在である，と定義される．旧約聖書において神が王としてサウルを立て，ダビデを立てたように，スコットランドにおける為政者たちも「**神の聖なる定めによって**」立てられた存在であると認め，またそれゆえに，為政者たちが保持するその権力は，権力者自身のためにではなく，また自分の身内や派閥，友人仲間のためにでもなく，神とすべての人のために行使すべき公的な力であると定義される．

(2)神の代理者

神とすべての人のために自らに委ねられた権威を行使するからこそ，為政者は「**最大の尊敬をもって敬われるべき**」と言明される．この信仰告白は，最大限の敬意を込めて為政者たちを「**神の代理者**」と表記する．為政者をこのように認識するからこそ，逆説的に，改革者ノックスは「抵抗権」（不正な為政者に対しては徹底して抵抗する正当な権利）を鋭く主張したのである．また，為政者たちによる教会への不正な介入に対する徹底した抵抗は，宗教改革後のスコットランドの教会史を特徴づける重要な一面となっている．

(3)権威者の本分

信仰告白が記された当時のヨーロッパは，今日のような「政教分離」という価値観はなく，政治と宗教は，いわば混然一体としていた．それゆえに，為政者の権力をキリスト教の視点でどのように定義するかは，それぞれの国で，教会の重要な課題であった．この信仰告白では，為政者は「**真の宗教を保持**」し，「**あらゆる偶像礼拝や迷信を抑制**」する存在であり，そのために神から特別に権威が授けられているとみなしている．国家安寧のために「**神の代理者**」としての「本分」を遂行すればこそ，国民は為政者に敬意をはらうのである．

キリスト教会は，為政者による権力の使われ方に関心を寄せてきた．今日の報道番組でも，国の内外で濫用される政治的権力に注目が集まる．現代の「政教分離」という価値観の中でも，信仰者は政治に無関心ではならない．どの政党を支持し，どの政治家に投票しようと，その職務に対して特別に委ねられた権力が公正に行使されるよう，信仰者は注視する必要がある．

第 25 条　教会に無償で授けられた諸々の賜物

真実に説教される神の言葉，正しく執行される聖礼典，そして，神の言葉に従って実施される教会規律は，真の教会の確実で誤りのないしるしですが，その一団に属するすべての個々人がキリスト・イエスによって選ばれた一員である，とわたしたちは言いたいのではありません．なぜなら，たくさんの雑草や毒麦が小麦に混じって蒔かれ，そして，そのままぐんぐんと成長すること，そして，神に見捨てられた者が，選ばれた者の交わりの中で見出されることがあり，しかも，選ばれた者と一緒に御言葉と聖礼

典の恩恵に，表面上ではあずかることがあることを，わたしたちは認め，告白するからです．しかし，彼らは，神を自らの口でつかの間告白しただけで，心が伴っていないので，彼らは信仰を捨て，最後まで留まることはありません．ですから，彼らがキリストの死と復活，そして昇天の成果を分かち合うことはありません．しかし，見せかけでなく，心から信じ，自らの口で主イエスを大胆に告白する者は，間違いなくこのお方の数々の賜物にあずかることでしょう．第一に，この世での生涯では，彼らは数々の罪の赦しにあずかりますが，このことはただキリストの血を信じる信仰によるものです．なぜなら，罪はわたしたちの朽ちゆく体の中に留まり，宿り続けるにもかかわらず，それがわたしたちに不利とみなされることはなく，むしろ逆に，赦され，キリストの義で覆われるからです．第二に，全体の審き（最後の審判）では，あらゆる男女に体の甦りが与えられることでしょう．海はその死を放棄し，大地はそこに葬られる者たちを放棄します．まさに，永遠の神，わたしたちの神は，その塵の上にご自身の手を延べてくださり，そして，死者は，すべての人間が今身にまとっている自分自身の肉体のまさにそのままで，自分たち自身の行いに応じて，栄光あるいは刑罰を受けるために，朽ちない者に甦るでしょう．今虚栄や残忍，卑猥や迷信，また偶像礼拝を喜んでいるような者たちは，消えることのない業火の刑に宣告されることでしょう．そして，あらゆる嫌悪すべき事柄において，今悪魔に仕えている者たちは，その業火の中で，肉体においても，精神においても，永遠に苦しみを受けることでしょう．しかし，最後まで健全な行いを全うし，主イエスを大胆に告白し続け，このお方がお選びになったすべての人は，キリスト・イエスが裁きの座に再臨し，ご自身の父なる神にその御国を引き渡される際には，このお方の栄光化された体のように作り変えられて，永遠の命の中で，キリスト・イエスと共に永遠に支配するために，栄光と誉れ，そして不死にあずかることになり，またその時，神はすべてにおいてすべてとなられ，その後もすべてであり続ける，永遠にほむべき神である，とわたしたちはいつまでも信じ続けます．その神に，御子と聖霊と共に，すべての栄誉と栄光が，今も後もとこしえにありますように．アーメン．

信仰告白は全25条から成るため，これが最終章となる．第25条は「教会に授かる賜物」が論点である．使徒信条の締めくくりと呼応するように，ここでのポイントを次の三点，(1)罪の赦し，(2)体のよみがえり･永遠の命，(3)「報い」の賜物，に絞って確認していく．

(1)罪の赦し

ルターは「九十五箇条の提題」の最初で「悔い改め」が信仰者の全生涯の課題であることを指摘した．彼の指摘のとおり，悔い改めは全生涯にわたる営みである．礼拝も全生涯にわたる信仰者に不可欠な営みである．礼拝をとおし，教会をとおして，信仰者は神から第一に「**罪の赦し**」の賜物を授かることが明示される．

信仰者は生涯にわたり神から何度となく赦される必要がある．なぜなら，信仰者であるにもかかわらず，赦されてもなお，罪をくり返す弱さと愚かさを抱えているからである．しかし，信仰者はイエス・キリストの十字架上の死による決定的な一度の赦しにすでにあずかっている．この決定的な十字架の赦しが，ここで「**キリストの血を信じる信仰**」と表現されている．いわば「十字架の信仰」である．十字架の信仰において，キリストの死による贖罪を「**心から信じ**」る者に，神は無償で，賜物として，赦しを与えてくださるのである．

(2)体のよみがえり・永遠の命

第二に，信仰者が賜物として授かるのが「**体のよみがえり**」である．信仰告白は，キリストの再臨の際に，真の信仰者は「**栄光化された体のように作り変えられ**」ると言明する．聖書ではしばしば「肉」と表現される人間の肉体が，キリストの再臨の際には，罪に対する神の勝利と，神の永遠の御支配の内に完全に組み入れられて，「**栄光化された体**」をもって甦らされる希望と確信を表明する．こうして最後の審判を経て，真の信仰者は永遠なる神の御支配の中で神と共に「**永遠の命**」を生きることができるのである．

(3)「報い」の賜物

信仰告白は第18条では「真の教会と偽りの教会」を識別する「しるし」に言及されていた．それに呼応するかのように，ここでは「真の信仰者と偽りの信仰者」が論点となる．神は「真の教会」をとおして「真の信仰者」に無償で霊の賜物を授けてくださる．信仰を「偽って」，神の恵みをかすめ取ることはできない．なぜなら，たとえ人の目は欺けても，神の目は欺けないからである．信仰者の祈りに応え，信仰に報いてくださる神は，偽りの信仰者にもいわば「報い」として無償で，苦しみの賜物を与える，と明言される．

信仰者は「真の教会」を形成し，そうして，神と共に真の信仰者を育むために，礼拝をとおして説教を正しく語り，正しく聞き，聖礼典を正しく執行し，正しくあずかり，そして信仰の訓練（規律）を積み重ねながら，真の神の恵みの賜物にあずかるのである．

結び　祈りと日付

主よ，どうか奮い立って，あなたの敵を打ち砕いてください．どうか，あなたの御名を侮る彼らを，あなたの御前から取り除いてください．どうかあなたの僕たちに力を与え，あなたの御言葉を大胆に語ることができるようにしてください．すべての国民をあなたの真正な認識へと導いてください．

この文書と条項は議会の前で朗読され，三つの身分議会で承認されました．

神の年，1560年8月17日，エディンバラにて．

この信仰告白には本文の前に「序文」があり，そして，本文の結びに「祈り」がある．最後にこの「祈り」をもって講話を締めくくる．ここでのポイントを次の四点，⑴奮い立つ神，⑵御言葉を大胆に語る，⑶すべての国民，⑷1560年，に絞って確認していく．

⑴奮い立つ神

16世紀の宗教改革運動には「プロテスト（抗議）」すべき敵対者がいた．ノックス以前のスコットランドでは，その抗議のゆえに改革支持者たちは次々に粛清され，命を奪われていった．宗教改革は文字どおり命がけの戦いだったのである．

もし主の御心に適うものでなければ，この戦いは敗北に帰すであろう．この最後の祈りをとおし，この戦いが自分たちの主義・主張を押し通すためだけの戦いではないことを，改革者たちは示している．「**主よ，どうか奮い立って**」くださいと祈り，これが信仰者たちの戦いではなく，神ご自身の戦いであることを明らかにする．教会の改革や形成には，当然ながら信仰者一人ひとりの理解や取り組み，努力の積み重ねも欠かせないが，何よりも欠かせないのが，主なる神ご自身による力と支え，導きである．「**主よ，どうか奮い立って**」くださいとの祈りは，信仰者を教会改革の戦いの原点に立ち返らせる．

⑵御言葉を大胆に語る

教会の改革や形成には，確かに，指導者のリーダーシップが欠かせないのが事実である．ルターもカルヴァンも，またノックスも大いに指導力を発揮した改革者だった．しかしながら，教会の改革と形成において発揮されるべき力とは，人間的な魅力や，敵対者を打倒する権力や武力の中に現れるのではない．福音の言葉の中でその力が発揮される，神の霊，聖霊の力である．福音が薄められ，福音が弱弱しく語られるところに，教会の改革も形成も生じてはこない．それゆえに，神よ「**あなたの御言葉を大胆に語ることができるようにしてください**」と祈らずにはおれないのである．スコットランド宗教改革は「主の御言の福音を語る」こと，しかも「正しく，かつ大胆に」語ることに徹した改革を促進した．それは，教会を生かす真のいのちは福音の御言葉をとおして聖霊が与えるいのちである，との確信によるものである．

(3)すべての国民

スコットランドの宗教改革は，ジュネーヴやチューリッヒなどの主要な都市部を射程とした大陸型の改革とは異なり，スコットランドの津々浦々の全土を射程とした，全国規模の改革運動だった．教会が福音を語り伝えるべきは，教会に集う「一部の国民」（教会員）だけでなく，「**すべての国民**」である．「国民全体（ネイション）」への「伝道（ミッション）」の「熱情（パッション）」を強く感じさせてくれるのがスコットランドの「宗教改革（リフォーメーション）」である．そして，それを実際の「行動（アクション）」へ展開するために，この「信仰告白（コンフェッション）」が整えられた．その後，教会は1560年に導入した監督制度を廃止し，改革の試行錯誤を経て，制度上の反省や改良を重ねて形成されていったのが「長老制度」だった．

長老教会の伝道の働きは「**すべての国民**」へと展開されていくものである．教会が各個教会主義となり，伝道が「内向き」になってはいないだろうか．伝道に熱情はあるだろうか．ノックスを含む六人の「ジョン」によって議会に提出されたこの信仰告白は最後に，教会の改革，教会形成における六つの「ション」の意義を思い起こさせてくれる．

(4)1560年

こうして，「スコットランド信仰告白」はスコットランドの議会で承認され，「1560年」は公式に宗教改革が樹立した記念碑的な年号になったのである．

おわりに
信仰告白の構造と特徴

最後に，スコットランド信仰告白の全体を改めて振り返り，構造的に整理しておく．

永井修が「全体は使徒信条の順序に従い，神論に始まり，約束の啓示，キリスト論が続く」と述べるように，スコットランド信仰告白はしばしば使徒信条との構造上の類似性が指摘されてきた[51]．順序の点で，神論，キリスト論，聖霊論，教会論という全体の大まかな流れは，確かに使徒信条と同じように進んでいくと言えるが，もう少し丁寧に見ていく必要がある．

この点に関してふれておきたい構造上の特徴は，使徒信条との類似性よりも，66巻の聖書正典順に全体が構成されているという点である．第1条の「神」に関する教理からはじまり，第2条と第3条で「人間」に関する教理へと進み，さらに第4条と第5条の「約束の啓示と教会の継承，増加，保持」についての教理へ，という具合に，第6条のキリストに関する告白の前に，人間に関する告白が置かれている．特に，第4条と第5条で語られるのは，アブラハム，イサク，ヤコブといった創世記に登場する父祖たちと，出エジプト記以降，そこから脈々と続くイスラエルという旧約における「契約の民」である．神からはじまり，以後，アダムをはじめとする旧約聖書の登場人物を取り上げ，それからキリスト論へと進んでいくという順序は，使徒信条の順序との整合性よりも，明らかに66巻の聖書正典順に則って構成されていると言える．だからこそ，第1条に神を置き，そ

51） 永井修，前掲書，58頁より引用．Jack Rogersも“*Presbyterian Creeds: A Guide to the Book of Confessions*”（Westminster John Knox Press, 1991［1st 1985］）で同様の点を指摘する（p. 79）．また，ウィキペディアの「スコットランド信条」の項目の解説文には「使徒信条の構成順に25条からなる信条である」と記されている．

こから第2条に人間を置くという展開は，創世記の物語の進行に則した自然な流れであり，そして，聖書正典の最後にヨハネの黙示録が配置されているように，信仰告白も最後の第25条で，キリストの再臨と永遠のいのちの教理へと帰着していく．

また，構造的な特徴に関するもう一つ別の見解として，宮庄哲夫は全25条を前半部（第1条〜第11条）と後半部（第12条〜第25条）の二つに分類し，前半を「古代教会以来の公同的な根本教理の伝統」の枠組み，後半は「（前半部を）宗教改革的神学の議論の中で捉え直しながら，後半部では信仰，聖化，聖書，教会会議，聖礼典，世俗的権力などプロテスタント的課題が展開される」と解説する[52)]．ただし，この前・後半の二層構造だと，使徒信条よりも，むしろ残る三要文の十戒や主の祈りの構造との類似性，あるいは旧約・新約という聖書正典の構造との類似性の方がより親和性が高いことになるかもしれない．また，第12条からの聖霊論が前半部の「古代教会以来の公同的な根本教理」ではなく，後半部の「プロテスタント的課題」の枠に入れられているため，この点は修正が求められるのではないかと思われる．

構成に関しては，アレックス・チェインは下記のとおり，教理の特徴ごとに十のグループに分類する．

①序文	
②神に関する教理	（第1条）
③人間に関する教理	（第2条−第3条）
④約束の啓示と教会の存続，成長，保持についての教理	（第4条−第5条）
⑤キリストに関する教理	（第6条−第11条）
⑥聖霊に関する教理	（第12条−第15条）
⑦教会に関する教理	（第16条−第20条）
⑧聖礼典に関する教理	（第21条−第23条）
⑨世俗の権威に関する教理	（第24条）

52）『改革派教会信仰告白集Ⅱ』一麦出版社，2011年，163−164頁を参照．

⑩最後の審判に関する教理　（第25条）[53]

使徒信条では，キリスト論に最も多くの分量が割かれているが，チェインの分類から浮かび上がってくる特徴は，⑦の教会に関する教理の数の多さである．第16条から第20条までの五つ以外にも，④の教会の継承，増加，保持の教理も合わせれば，六つ，ないし七つもの条項が教会に割かれており，数の上ではキリスト論の6と同等，あるいはそれを上回り，最多となる．その点を鑑みれば，この信仰告白が大きな論点として詳述しているのが「教会」であるという特徴も浮かび上がる．

いずれにせよ，このように信仰告白全体を構造的にとらえ直すことにより，信仰告白の特徴や強調点なども改めて再考することができよう．

53）　アレクサンダー・C．チェインは1958年から1986年までエディンバラ大学でスコットランド教会史を担当した歴史神学者だった．2006年に死去した．A. C. Cheyne, The Scots Confession of 1560, *Theology Today*, vol. 17, 1960, 323－329.

〈参考文献一覧〉

・「スコットランド信仰告白（1560年）」（原田浩司訳『改革教会信仰告白集』教文館，2014年）.
・「規律の書」（飯島啓二訳『宗教改革著作集10 カルヴァンとその周辺Ⅱ』教文館，1993年）.
・飯島啓二『ノックスとスコットランド宗教改革』日本基督教団出版局，1976年.
・富田理恵『世界歴史の旅　スコットランド』山川出版社，2002年.
・永井修『改革教会信仰告白要覧』全国連合長老会出版委員会，1999年.
・『スコットランド文化事典』原書房，2006年.
・ジャン・カルヴァン，渡辺信夫訳『キリスト教綱要（改訳版）』新教出版社，2007年.
・マルティン・ルター，徳善義和，他訳『ルター著作選集』教文館，2012年.
・カール・バルト著，宍戸達訳「神認識と神奉仕――スコットランド信条講解」『カール・バルト著作集9』新教出版社，1971年.
・John Knox, *The Works of John Knox*, vol. 1-6.（Edited by David Laing）Edinburgh: Bannatyne Club, 1846.
・*The Scots Confession* 1560,（ed.）G. D. Henderson &（tr.）James Bulloch, Saint Andrew Press,1960.
・Alexander C. Cheyne, The Scots Confession of 1560, *Theology Today*, vol. 17, 1960.
・David F. Wright（ed）, *The Bible in Scottish Life and Literature*, The Saint Andrew Press, 1988.
・Donald Macleod, *Therefore the Truth I Speak: Scottish Theology 1500-1700*, Mentor, 2020.
・Henry R. Sefton, *John Knox*, Saint Andre Press, 1993.
・Jack Rogers, *Presbyterian Creeds: A Guide to the Book of Confessions*,

Westminster John Knox Press, 1991 [1st 1985].

・James Kirk, *Patterns of Reform: Continuity and Change in the Reformation Kirk*, T. & T. Clark, 1989.

・James Kirk, Scottish Confession, *The Oxford Encyclopedia of the Reformation*, vol. 4, Oxford University Press, 1996.

・Millar Patrick, *Four Centuries of Scottish Psalmody*, Oxford University Press, 1949.

・Nigel M. de S. Cameron (Organizing Editor), David F. Wright, David C. Lachman, Donald E. Meek (General Editor), *The Dictionary of Scottish Church History & Theology*, IVP, 1993.

・Thomas F . Torrance, *Scottish Theology : From John Knox to John McLeod Campbell*, T. & T. Clark, 1996.

・Thomas F. Torrance, 'From John Knox to John McLeod Campbell: A Reading of Scottish Theology', *Disruption to Diversity: Edinburgh Divinity 1846-1996* (ed., David F. Wright and Gary D. Badcock), Edinburgh: T. & T. Clark, 1996.

・W. Ian P. Hazlett, *The Reformation in Britain and Ireland: An Introduction*, T & T Clark, 2003.

あとがき

筆者がスコットランド宗教改革を自身の神学研究対象としたのは東京神学大学在学中のことで，学部卒業論文，および大学院修士論文のテーマもスコットランド宗教改革だった．あれから今，東京神学大学大学院を修了してから今年度でちょうど20年，また東北学院大学に勤めてからちょうど10年の節目を迎えた．この間，牧師として，留学生として，また大学の教員として，折にふれてスコットランド宗教改革，またはその周辺に関するテーマを研究し，幸いにして発表する機会も与えられてきた．そしてさらに，2022年は改革者J.ノックスの没後450年という大きな節目を迎えようとしている．

本書は，ノックス没後450年を記念すべくこれまでの筆者の研究活動の一端を，スコットランド信仰告白という軸のもとに集約し直して構成されている．第1章には，拙筆の「スコットランド宗教改革の特質」（『東北学院大学キリスト教文化研究所紀要』第31号, 2013年刊行に所収), および「スコットランドの文脈から見た宗教改革期の英訳聖書」（『東北学院大学キリスト教文化研究所紀要』第35号，2017年刊行に所収）に寄稿した一部を加筆修正して用いている．また第2章には，拙筆「スコットランドにおける『福音主義』の展開」（『福音とは何か── 聖書の福音から福音主義へ』佐藤司郎・吉田新編，教文館，2018年刊行に所収）に寄稿した一部を加筆修正して用いた．第3章の講話の部分は，2015年度から2017年度まで日本基督教団全国連合長老会が発行する『宣教』誌上で一般教会員の方たちの読み物として連載した拙筆「スコットランド信仰告白講解」が土台となっており，本書で取り上げたスコットランド信仰告白の本文は，筆者が『改革教会信仰告白集』（教文館，2014年刊行）に寄稿した現代訳を微修正して用いている．したがって，本書はここ数年間の筆者の研究の中間報告的な意味合いもあるが，それらをどのようにして実際の教会の現場に還元し，役立てられるのかという実践的な課題を念頭に取り組んだ新しい成果でもある．専門の研究者ではなく，一般の方たちを読者に想定しているため，できるだけ専門的な表現の使用を控えて書き記した．

筆者は2020年度，勤務先の東北学院大学から一年間の研修休暇（サバティカル）を取得し，講義をはじめ，会議などの大学でのすべての通常業務から解放していただき，貴重な一年を過ごすはずだった．しかし，新型コロナウィルス感染症（COVID-19）の世界的な流行の拡大により，筆者が国内外で予定していた計画はすべて白紙となってしまった．だが寧ろ，この期間を用いて，これまで手が回らなかった本書の編纂に時間と労力を充当させることができた．この研修休暇がなければ，本書は刊行に至ることはなかったはずである．改めて，この大切な期間をいただいた東北学院大学，並びに，文学部総合人文学科の同僚諸氏に感謝を申し上げたい．

いま改めてスコットランド信仰告白を読み返すと，16世紀当時の改革の熱い息吹が聞こえてくるようである．それは改革者たちの息吹だけでなく，聖霊の「息吹＝ルアハ」だ．現代の日本の教会が今まさに必要なのは，この熱い息吹なる聖霊の御力ではなかろうか．

わたしたちを取り巻く現実には，教会の教勢の低下，福音を宣べ伝える伝道者への献身者不足，各個教会における長老・役員の後継者不足に，若者や現役世代の空洞化，長期化する教会員および長老会の高齢化，各神学校の経営難，献金減少による予算の大幅な縮減，教会の憲法を逸脱した行為の横行など，さまざまな深刻な課題が横たわっている．今年はさらにコロナ禍により，教会での集会を制限した教会も多く，礼拝出席者の数が大幅に減少するともに，礼拝献金収入もさらに追い打ちをかけるように落ち込み，当初の年度予算を修正せざるをえない教会ばかりであった．また，教会員の葬儀でも，信仰の兄弟姉妹たちには「三密（密閉，密集，密接）」を避けるために出席を控えるよう要請され，遺族だけの少人数でひっそりと行われた．コロナ禍は教会にも多大なダメージをもたらした．教会の現場はまさに青息吐息の実情であった．

宗教改革者たちが直面していた当時のローマ・カトリック教会も，非常に深刻な霊的な問題を抱えていた．だからこそ，改革者たちは欧州の各地でこぞって奮い立ち，教会の改革に取り組んでいった．そんな彼らの信仰の熱がこの信仰告白には注入されている．宗教改革の伝統を真剣に受け継ぐ教会には，彼らの霊的DNAも受け継がれているはずである．またそうであれば，今改めて，この信仰告白をとおして，神が改革者たちに注がれた聖霊の息吹を汲み取り，教会の改革と形成に励むものでありたいと思わされる．聖霊なる神が，福音を宣べ伝える者たちを起こし，彼らの口を用いて，説教を正しく力強く語らしめてくださるように．「いのちを与える」聖霊なる神が，全国各地の教会にいのちの息吹を注いでくださるように．

最後に，筆者が本書の企画を伝え，相談させていただいたところ，日本における出版不況のさ中，しかもコロナ禍という逆境の中，本書の出版を快諾いただいた一麦出版社の西村勝佳氏に心からの感謝を申し上げる．

Soli Deo Gloria.

2021年3月　受難節
東日本大震災10周年の節目を覚えつつ
仙台市にて
原田浩司

〈スコットランド信仰告白〉による信仰入門
歴史・本文・講解

発行…………2021年8月16日　第1版第1刷発行

定価…………［本体1,600＋消費税］円

著　者……原田浩司

発行者……西村勝佳

発行所……株式会社一麦出版社

札幌市南区北ノ沢3丁目4－10　〒005－0832
TEL（011）578－5888　FAX（011）578－4888
URL https://www.ichibaku.co.jp/
携帯サイト http://mobile.ichibaku.co.jp/

印刷…………株式会社総北海

製本…………石田製本㈱

装釘…………須田照生

ISBN978-4-86325-133-5 C0016 ¥1600E

ドナルド・K. マッキム　原田浩司訳

カルヴァンと共に祈る日々

祈りをめぐりカルヴァンとマッキムがタッグを組んだ！　二人がわたしたちを祈りの人へと導く.

四六判　定価[本体 2,000＋税]円　ISBN9784863251267

デヴィッド・ディクソン著　原田浩司・石田静江訳

長　老

――そのつとめと実践

長老の召命の厳粛さと重要性を伝える古典的名著. 神の民の群れを導く治会長老のつとめとは.

A5判　定価[本体 2,000＋税]円　ISBN9784863251168

ドナルド・K. マッキム　原田浩司訳

長老教会の問い, 長老教会の答え 2

――キリスト教信仰のさらなる探求

新たな問いに, 前著で取り上げた問いにも視点を変えて, わかりやすく答える. 信仰の足腰を鍛えるために.

A5判　定価[本体 2,000＋税]円　ISBN9784863250536

ドナルド・K. マッキム　原田浩司訳

長老教会の信仰

――はじめての人のための神学入門

専門的な言葉遣いを避け, 鍵となる神学的な主題をめぐって, 長老教会が何を信じているのかを明確に説明する.

A5判　定価[本体 2,000＋税]円　ISBN9784863250093

ルイス・B. ウィークス　原田浩司訳

長老教会の源泉

――信仰をかたちづくる聖書の言葉

聖書によって形作られる信仰の基礎を, 長老教会の伝統の中で大切にされてきた聖書箇所から学ぶ.

A5判　定価[本体 2,000＋税]円　ISBN9784863250642

ドナルド・マクラウド　原田浩司訳

長老教会の大切なつとめ

――教会の優先課題を考える

会衆席に受身で座っているだけでいいのか？教会が優先すべき課題とは何か？　このきわめて差し迫った大切なテーマに切り込む.

A5判　定価[本体 2,000＋税]円　ISBN9784863250321

ドナルド・K. マッキム　原田浩司訳

宗教改革の問い, 宗教改革の答え

――95の重要な鍵となる出来事・人物・論点

キリスト教界全体を劇的に変えた複雑な宗教改革の全体像をマッキムが明快に整理. 最良の書！

A5判　定価[本体 2,000＋税]円　ISBN9784863251069

澤正幸

長老制とは何か

――増補改訂版

カルヴァンの聖書註解,『綱要』そしてカルヴァン神学の流れにたつ「フランス信仰告白」「ベルギー信仰告白」によって長老制の準拠枠を示す.

四六判　定価[本体 1,200＋税]円　ISBN9784863251106